Wie viele Gummibärchen passen in eine Badewanne?

Sabine Müller

Wie viele Gummibärchen passen in eine Badewanne?

Wissen, das Spaß macht!

Mit Bildern von Uta Bettzieche

Thienemann

Inhaltsverzeichnis

Tierisch begabt

4

Tierisch einfallsreich

Wer hat's erfunden?

Pflanzen sind aber auch ziemlich schlau

Eine ganz schön giftige Angelegenheit

Zehn kuriose Hotels

Papier kann aber auch einiges

Hoch hinaus

Wer hat's erfunden?

Moneten, Knete, Zaster, Schotter, Kies

Zehn kuriose Sportarten

Schon mal gehört?

Hier geht die Post ab

Zehn kuriose Feste

Psst - geheim

Wer hat's erfunden?

Dein Freund und Helfer

Von drauß' vom Walde komm ich her

Ganz schön gruselig

Wer hat's erfunden?

Zehn kuriose Museen

Wer hat's erfunden?

Ganz schön nass

Rund ums Wort

Ganz schön lecker

Kreuz und quer

Tierisch begabt

Elefanten sorgen für saubere Autos

Drei Elefanten im „Wildlife-Safari-Park" in Oregon (USA) und ihre Trainerin hatten eine echt clevere Geschäftsidee: Sie beschlossen, für die Autos der Touristen, die in den Safari-Park fahren, eine Elefantenrüssel-Wagenwäsche anzubieten.

Die Trainerin drückt den Elefanten einen Schwamm in den Rüssel und los geht's.

Für die tierischen Wagenwäscher ist das Ganze ein Riesenspaß. Sie können nach Herzenslust plantschen und mit ihren Rüsseln die Autos nass spritzen. Die Touristen sind ebenfalls begeistert

und zahlen gerne zwanzig Dollar für eine Wa-
genwäsche. Und wenn das Auto nicht wirklich
sauber wird, beschwert sich auch niemand.

Elefanten-Orchester gegründet

In Thailand, im „Thai Elephant Conservation
Center", gibt es musikalische Elefanten. Sie treten als das „thailändische Elefanten-Orchester"
auf und spielen auf großen Instrumenten, die
extra für sie gebaut wurden. Die Truppe besteht
aus zwölf musizierenden Elefanten und einem
menschlichen Komponisten und Manager.

Größtes Gehirn an Land

Elefanten haben das größte Gehirn der Land-
Säugetiere. Es wiegt zwischen vier und fünf Ki-
logramm. Pro Tag nehmen sie etwa dreihundert
Kilogramm Nahrung und achtzig Liter Wasser
zu sich und werden sechzig bis siebzig Jahre alt.
Den Rüssel nutzt der Elefant nicht direkt zum
Trinken, sondern er saugt das Wasser damit auf,
um es sich dann in den Mund zu spritzen. (Klar,

versucht mal, durch die Nase zu trinken, das geht schief.) Übrigens passen in einen Elefantenrüssel etwa zehn Liter Wasser.

Und warum haben afrikanische Elefanten so große Ohren?

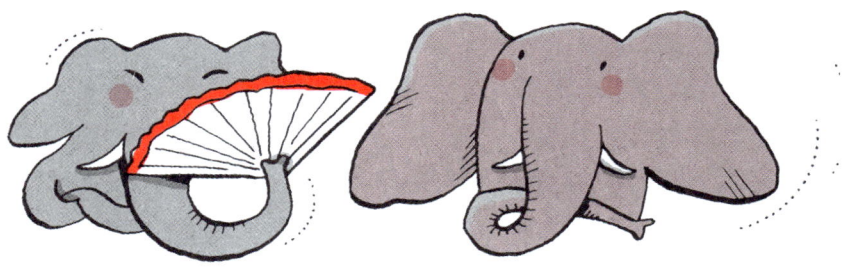

Die afrikanischen Elefanten haben nicht etwa deshalb große Ohren, damit sie besser hören können. Auch nicht, damit man die afrikanischen von den asiatischen Elefanten unterscheiden kann. Obwohl das durchaus ein gutes Unterscheidungsmerkmal ist. Afrikanische Elefanten haben nämlich die größeren Ohren.
Aber warum? In Afrika ist es ziemlich heiß (heißer als im asiatischen Raum). Also muss sich der

Elefant irgendwie abkühlen. Und das macht er mit seinen Ohren. Im Ohr des Elefanten befinden sich viele Blutgefäße, in die der Elefant Blut pumpt, wenn es ihm zu heiß wird. Wedelt er mit den Ohren, sinkt die Temperatur des Blutes. Das abgekühlte Blut fließt durch den Körper und kühlt so den Elefanten ab.

Und da wir gerade bei den Ohren sind: Der afrikanische Elefant hat die größten Ohren im Tierreich. Beide Ohren zusammen haben eine Oberfläche von vier Quadratmetern. Das entspricht in etwa einer Tischtennisplatte.

Elefanten können mit den Füßen hören

Die Ohren benutzt der Elefant also auch, um sich abzukühlen. Aber hören kann er ja trotzdem damit. Also warum mit den Füßen hören und wie soll das funktionieren?

Elefanten geben sogenannte „Rumble"-Töne von sich. Das sind Töne, die in einem ganz tiefen Frequenz-Bereich liegen (so etwa wie ein tiefes Brummen) und für das menschliche Ohr kaum hörbar sind. Diese Töne werden durch Schwingungen im Boden weitergegeben. Und diese Schwingungen wiederum „hören" die Elefanten durch ihre Füße, das heißt, sie spüren ein leichtes Zittern des Bodens. Das nutzen die Elefanten, um miteinander zu kommunizieren. Übrigens haben sie das mit den Grillen gemeinsam, die können auch mit den Beinen „hören".

Ist die Polizei aufs Schwein gekommen?

Was tut ein kleines Wildschwein, das unbedingt bei der Polizei arbeiten möchte? Es lässt sich als Spürwildschwein ausbilden.

In Niedersachsen hat vor einigen Jahren ein Polizist, der üblicherweise Hunde ausbildet, einen Ausbildungsversuch mit einem Wildschwein unternommen. Luise, so hieß das Wildschwein, zeigte sich dabei extrem gelehrig und auch begabt. Sie wurde als Drogen-Such-schwein ausgebildet und eingesetzt.

Leider konnten sich Schweine trotzdem nicht bei der Polizei durchsetzen. Auch wenn sie eine sehr gute Nase haben, sind sie aufgrund ihrer Leibesfülle nicht ganz so beweglich und wendig wie Hunde.

Was man sonst noch über Schweine wissen sollte

Schweine können also sehr gut riechen und sind darin fast so gut wie Hunde. Deshalb werden sie auch als Trüffelschweine für die Trüffelsuche eingesetzt. Ein Trüffel ist ein sehr teurer Pilz, der unterirdisch wächst und nicht so einfach zu finden ist.

Außerdem können Schweine ausgezeichnet hören. Nur sehen können sie nicht so gut. Hausschweine werden bis zu zwölf Jahre, Wildschweine sogar bis zu zwanzig Jahre alt.

Und warum liegen sie eigentlich so gerne im Matsch? Schweine können nicht schwitzen. Um sich bei heißem Wetter abzukühlen, wälzen sie sich im Schlamm.

Wie Kraken Häuser bauen

Im Pazifik vor Indonesien hat man Kraken dabei beobachtet, wie sie Kokosnuss-Schalen vom Meeresgrund aufsammeln, um sie als eine Art Ritterrüstung zu benutzen oder sich ein kleines Haus zu bauen. Letzteres tun sie, indem sie zwei Schalen nehmen, sich in eine davon setzen und die andere über sich stülpen. Damit schützen sie sich vor Feinden.

Und falls sie mal umziehen wollen, nehmen sie ihr Haus einfach mit. Sie setzen sich in die offene Schale, lassen die Fangarme über den Rand auf den Boden gleiten und laufen dann mit dem Haus wie auf Stelzen davon.

Kraken haben einen Lieblingsarm

Kraken haben acht Arme mit Saugnäpfen, wovon einer sogar ein Lieblingsarm ist. Forscher haben beobachtet, dass Kraken bei schweren Aufgaben immer wieder denselben Arm benutzen. Und das obwohl alle acht Arme die gleichen Aufgaben ausführen können.

Außerdem sind Kraken sehr intelligente Tiere. Sie sind in der Lage, Gläser und Flaschen mit ihren Armen aufzuschrauben, wenn der Inhalt interessant für sie ist.

Ein bisschen Abwechslung gefällig?

Kraken können ihre Farbe wechseln. Damit tarnen sie sich vor ihren Feinden. Sie nutzen den Farbwechsel aber auch, um mit anderen zu kommunizieren. So zeigen sie beispielsweise an, dass sie angriffslustig oder aufgeregt sind. Es gibt auch Kraken, vor denen man sich besser in Acht nehmen sollte. Der Speichel der australischen Blauring-Krake ist hochgiftig, nach einem Biss stirbt die Beute innerhalb kürzester Zeit. Kraken gehören zu den ältesten Tieren der Erde.

Tierisch einfallsreich

Zielen mit dem Schützenfisch

Der Schützenfisch frisst für sein Leben gern Insekten. Da die sich aber außerhalb des Wassers aufhalten, muss er sich etwas einfallen lassen, um an sie heranzukommen. Und da hat er eine clevere Strategie entwickelt: Sieht er ein Insekt auf einer Pflanze in Wassernähe sitzen, schießt – oder genauer gesagt spuckt – er es mit einem gezielten Schwall Wasser von der Pflanze herunter ins Wasser.

Angeln mit dem Tiefseeanglerfisch

Ganz unten in der Tiefsee ist es ziemlich dunkel, weil das Sonnenlicht nicht so weit in die Tiefe reicht. Und genau hier lebt der Tiefseeanglerfisch. Da es im Dunklen nicht so einfach ist, seine Beute zu finden und zu fangen, hat sich der Tiefseeanglerfisch eine besondere Taktik und auch Ausrüstung zugelegt. An seiner Stirn hängt eine Art Angel und an deren Spitze leuchtet eine

kleine Lampe. Wenn ein anderer Fisch vorbei-
schwimmt, sieht er das Licht, schwimmt neugie-
rig darauf zu – und endet als Mittagessen.

Auf Knall und Fall

Ebenfalls im Wasser lebt
der Pistolenkrebs.
Und sein Name ist
Programm. Er knallt
seine Scheren so schnell
zusammen, dass dadurch
ein sehr lautes Geräusch
entsteht. Dieses Knallen lässt
in der Nähe befindliche kleinere Krebse oder
Würmer in Ohnmacht fallen. Eine äußerst effek-
tive Art zu jagen!

Mit Steinen auf Beutejagd

Krokodile futtern sogar Steine. Aber nicht aus
lauter Verzweiflung, weil sonst nichts Essbares
vorbeikommt, sondern als Teil der Beutejagd-
Taktik.

Krokodile liegen reglos im Wasser und lauern auf ihre Beute. Nur die Augen und die Nasenlöcher schauen heraus. Da sie aber durch die Luft in ihren Lungen wieder

nach oben geschwemmt würden, futtern sie ein paar Steine, die sie schwerer machen, und schon liegen sie tiefer und ruhiger im Wasser und kein verräterischer Rücken schaut mehr heraus.

Die Steine haben auch noch einen anderen Nebeneffekt. Die Nahrung wird im Magen zermalmt, damit zerkleinert und die Verdauung erleichtert.

Aufwärmen in der Badewanne

Die Japan-Makaken (eine Affenart) haben ihre ganz eigene Methode, um sich in der erbarmungslosen Kälte des japanischen Winters ein wenig aufzuwärmen.

In Japan gibt es viele Vulkane und auch viele

heiße Quellen. Das Wasser dieser Quellen kommt mit fünfunddreißig bis vierzig Grad Celsius direkt aus der Erde und sammelt sich in Becken. Und das machen sich die Affen zunutze: Täglich baden sie mehrere Stunden in diesen heißen Quellen. Abgeschaut haben sie sich das von den Menschen.

Immer in Bewegung bleiben

Außer einem dicken Fell und einer Speckschicht haben Kaiserpinguine in der Antarktis noch eine andere Taktik, um der Kälte zu trotzen: Sie leben in großen Gruppen, die bis zu sechstausend Pinguine stark sind, und rücken ganz dicht aneinander, um sich gegenseitig zu wärmen.

Da es aber nur in der Mitte schön warm und am Rand ziemlich kalt ist, sind die Pinguine ständig in Bewegung, damit jeder mal in der Mitte und auch wieder außen am Rand steht. Faire Sache!

Überleben in der Wüste

Kamele sind an das Überleben in der Wüste perfekt angepasst. Ihre langen Beine bringen viel Abstand zwischen den heißen Wüstensand und den Rest des Körpers. Außerdem haben sie dicke Polster unter den Füßen, um sich vor dem heißen Wüstensand zu schützen.

Aber wozu brauchen sie ein wolliges Fell auf den Schultern? Das Fell verhindert, dass sie einen Sonnenbrand bekommen. Der Rest ihres Körpers hingegen ist schwach behaart, damit der Körper die Hitze schnell wieder abgeben kann.

Und was tun Kamele bei Sandstürmen? Da klappen sie einfach die Nasenlöcher zu. Außerdem sind sie in der Lage, sehr viel Wasser auf Vorrat zu trinken. So können sie mehrere Tage ohne Wasser durch die Wüste traben.

Wer hat's erfunden?

Das Fischstäbchen

Die Engländer hatten eine gute Idee. Genau genommen Mitarbeiter der englischen Firma „Birds Eye". Die haben sich 1955 nämlich überlegt: „Oh dear, was können wir nur tun, damit die Kinder endlich mal Fisch essen? Schließlich ist Fisch echt gesund!" Da schlug einer vor: „Wenn die Kinder keinen Fisch essen wollen, dann verkleiden wir den Fisch einfach, dass man ihn nicht mehr erkennt!"

Gesagt, getan, der Fisch wurde in Vierecke geschnitten, damit keine verräterische Form mehr zu erkennen war, und sicherheitshalber noch in Teig gewälzt. Fertig war das Fischstäbchen.

Na, auch drauf reingefallen?

Pflanzen sind
aber auch ziemlich schlau

Schwitzende Pflanzen

In extremer Hitze sind Kakteen echte Überlebenskünstler. Die Saguaros (das sind diese Kakteen mit den „Ärmchen" rechts und links, die in
jedem Western mitspielen) haben ein perfektes
Konzept entwickelt, um der glühenden Hitze
und der Trockenheit zu trotzen. Mit einem weit-
verzweigten Wurzelsystem, das flach unter der
Erde liegt, sichern sie sich jeden Tropfen Wasser.
Bei Regen kann sich die Pflanze ausdehnen und
das Wasser wie ein Schwamm aufsaugen. In
trockenen Zeiten lebt sie dann von diesem Vor-
ratswasser.

Die Saguaros besitzen Stacheln, die im Vergleich zu Blättern nur eine geringe Oberfläche
haben, sodass sie auf diesem Weg nicht so viel

Feuchtigkeit durch Verdunstung abgeben. Außerdem verscheuchen diese spitzen Stacheln so manches Tier, das an den Wasservorrat des Kaktus will.

Die stachligen Überlebenskünstler wachsen in Arizona (USA), und werden im Schnitt hundertfünfzig Jahre alt. Es gibt sogar welche, die zweihundert Jahre alt sind.

Hungrige Pflanzen

Nicht alle Pflanzen leben von Luft und Wasser. Manche bevorzugen auch etwas Handfesteres, zum Beispiel kleine Spinnen und Insekten. Das heißt, diese Pflanzen  müssen auf die Jagd gehen.

Da das mit Wurzeln etwas schwierig ist, haben sie andere Strategien entwickelt, um ihren Beutetieren eine Falle zu stellen.

Zum Beispiel besitzen sie Klebefallen, bei

denen die Beute an der Pflanze kleben bleibt, oder Klappfallen. Hier klappt das Fangblatt zu, sobald sich die Beute darauf niedergelassen hat. Die Venus-Fliegenfalle gehört beispielsweise zu diesem Typ. Dann gibt es noch Saugfallen (die Beute wird im Wasser angesaugt), Fallgrubenfallen und schließlich Reusenfallen (hier läuft die Beute immer weiter in die Falle, bis sie im Magen der Pflanze landet).

Schwimmende Pflanzen

Pflanzen, die auf der Wasseroberfläche leben, müssen sich natürlich überlegen, wie sie da bleiben, ohne unterzugehen.

Einige Pflanzen füllen einfach ein paar Zellen mit Luft und schon schwimmen sie oben, auf dem Wasser. Das Schwimmreif-Prinzip. Andere Pflanzen probieren es mit Imprägnierung, also mit einer

Wasser abweisenden Schicht. Das heißt, sie versuchen, gar nicht erst so nass zu werden und durchzuweichen, dass sie untergehen könnten. Das erreichen sie entweder durch eine Wachsschicht auf ihrer Oberfläche oder durch Wasser abweisende Haare. Das Regenmantel-Prinzip.

Frierende Pflanzen

Und was machen Moose und Gräser, die bei Minusgraden im Freien überleben müssen?
Sie brauen sich einfach ihr eigenes Frostschutzmittel, damit im Winter das Wasser in ihren Zellen nicht einfriert. Sobald es kalt wird, fangen sie mit der Produktion an und wandeln gespeichertes Wasser und Mineralien in eine Flüssigkeit um, die das Gefrieren des Wassers verhindert. Dieser Vorgang dauert etwa vierundzwanzig Stunden, sodass die Pflanze besser rechtzeitig damit anfangen sollte. In der Antarktis können so einige Arten bei bis zu minus achtzig Grad Celsius überleben!

Trickreiche Pflanzen

Die Mimose kennt man aus dem Sprachge-
brauch: „Hey, jetzt sei mal nicht so eine Mimose!" Damit meint man, dass jemand besonders empfindlich ist und sich nicht so anstellen
soll.

Und genau das passt zur Mimose. Allerdings hat
sie einen echt cleveren Grund für ihre Empfind-
lichkeit. Denn wenn sie merkt, dass sich ihr jemand nähert (wahrscheinlich um ihre Blätter zu
futtern), lässt sie sofort die Blätter hängen und
rollt sie zusammen. Damit will sie demjenigen
mitteilen: „Hey, schau mal, wie welk ich bin. Ich
schmecke bestimmt nicht gut. Eigentlich lohnt
es sich gar nicht, mich überhaupt zu probieren!"
Wenn die Gefahr vorbei ist, richtet die Mimose
ihre Blätter wieder auf.

Eine ganz schön
giftige Angelegenheit

Der Schein trügt

Er sieht ja irgendwie echt niedlich aus, der Pfeilgiftfrosch. Aber Vorsicht: Dieses Tier ist höchst
giftig.

Der Pfeilgiftfrosch sondert über Drüsen ein Gift
aus, das sich über seine Haut legt. Damit ist er
vor Feinden geschützt, denn das Gift ist extrem
stark.

Allerdings produziert er das Gift nicht selbst.
Man nimmt an, dass er es über die Nahrung auf-
nimmt, indem er giftige Pflanzen frisst, wobei
ihm dieses Pflanzengift selbst aber nichts aus-
macht.

Übrigens wird dieses Gift von den Einheimi-
schen in Südamerika dazu benutzt, um ihre

Pfeile zu vergiften. Sie reiben die Pfeile einfach über die Haut des Froschs und haben eine gefährliche Waffe. Und so kam der Frosch zu seinem Namen: Pfeilgiftfrosch.

Die spuckt ja!

Giftschlangen kennt jeder. Die Schlangen haben zwei Fangzähne im Kiefer, durch die sie das Gift ihren Opfern einverleiben. Voraussetzung dafür: Die Schlange kommt nahe genug an ihr Opfer, um es zu beißen.

Was aber, wenn die Schlange etwas schüchtern ist und lieber auf Abstand bleiben will?

Für die Speikobra ist auch das kein Problem. Sie spuckt das Gift mit hoher Geschwindigkeit einfach durch ihre Fangzähne. Dabei ist sie erstaunlich treffsicher, sie zielt nämlich auf die Augen des Angreifers und eines erwischt sie meist.

Das Giftspucken nutzt sie allerdings nur zur Verteidigung. Wenn es um ihr Abendessen geht, bringt sie die Beute, wie andere Giftschlangen auch, mit einem Biss zur Strecke.

Ein guter Wurf

Einige Vogelspinnen haben eine ganz besondere Art, sich zu verteidigen. Sie haben sogenannte „Brennhaare", die sie im Verteidigungsfall abstreifen und in Richtung Angreifer schleudern. Daher kommt auch der Name „Bombardierspinne" – der Angreifer wird mit den Haaren „bombardiert". Beim Menschen bewirken diese Haare einen Juckreiz.

Pflanzen machen schöne Augen

Nicht nur Tiere, auch Pflanzen können ganz schön giftig sein. Beispielsweise die Schwarze Tollkirsche, auch Belladonna genannt. Sogar im Dienst der Schönheit stand diese Pflanze eine Zeit lang, da sich früher die Damen den Pflanzensaft in die Augen träufelten, damit sich ihre Pupillen erweiterten. Das galt als schick, war allerdings auch ganz schön gefährlich.

Daher stammt übrigens der italienische Name der Pflanze „Belladonna", denn das heißt übersetzt „schöne Frau". Nur dass diese schöne Frau eben sehr giftig ist.

Was aber macht das Gift eigentlich zum Gift? Im Prinzip die Menge. Es gibt viele giftige Stoffe, die auch als Heilmittel eingesetzt werden – in einer sehr geringen Dosis. Dann helfen sie. Aber erhöht man die Menge nur ein bisschen, richten sie Schaden an oder können sogar tödlich sein.

Aber hübsch sehen sie aus

Warum sind eigentlich die giftigsten Pflanzen und Tiere oft besonders auffällig und bunt gemustert?

Damit sich die anderen Tiere daran erinnern, dass sie giftig und gefährlich sind, und in Zukunft einen großen Bogen um sie machen. So, als hätte die Natur ihnen kleine Warnkleidchen angezogen, um den anderen mitzuteilen: „Vorsicht, Gefahr! Pfoten, Klauen, Reißzähne weg!"

Zehn kuriose Hotels

Auf Sand gebaut – Das Sandhotel

Angenommen, man macht einen Strandurlaub in England, wo könnte man passender übernachten als in einem Sandhotel?

Vorausgesetzt allerdings, das Wetter ist schön, denn bei Regen wird man in diesem Hotel ziemlich nass und auch das Zimmer nimmt Schaden. Das Hotel hat nämlich kein Dach. Und die Wände und das Bett bestehen aus Sand. Das Hotel ist also so etwas Ähnliches wie eine große, komfortable Sandburg mit Betten.

Ein englischer Bildhauer hat dieses Hotel in absoluter Strandnähe gebaut. Genau genommen direkt am Strand. Eine Übernachtung kostet 11,40 Euro. Eigentlich ein Spitzenpreis. Nur eine Sandallergie sollte man nicht haben.

Hoch hinaus – Das Kranhotel

Wer in diesem Hotel in einem holländischen Fischerdorf schläft, sollte besser keine Höhenangst haben. Man übernachtet nämlich in einem Kran. In einem Hafenkran genauer gesagt. In siebzehn Metern Höhe. Natürlich ist der Kran entsprechend umgebaut (man muss nicht im Sitzen schlafen) und sogar eine Dusche und ein WC gibt es.

Und das Tollste: Man kann den Kran sogar drehen. Wenn einem die Aussicht nicht gefällt, drückt man einfach einen Hebel und der Kran dreht sich so lange, bis man eine bessere Aussicht gefunden hat.

Also, wenn ihr schon immer mal Kranführer werden wolltet: Vielleicht wäre das ja was ... zumindest für eine Nacht.

Nachts im Park - Das Parkhotel

Wenn man „Parkhotel" hört, hat man eine bestimmte Vorstellung: edel, vornehm und geräumig. Nicht bei diesem Hotel in Österreich, denn hier ist *Park*hotel wörtlich gemeint: Man übernachtet im Park. Nein, nicht auf einer Parkbank, man hat schon eine Art Dach über dem Kopf. Und zwar schläft man in einer großen Betonröhre, wie man sie auch für Kanäle benutzt. Die sind groß genug, dass man darin stehen kann.

In dieser Röhre befindet sich ein Brett, auf dem eine Matratze liegt. Seine Sachen kann man unter dem Bett verstauen und es gibt sogar Stromanschluss. Für Licht ist also gesorgt. Auf Dusche und WC muss man allerdings verzichten, hier gibt es aber im Umfeld öffentliche Einrichtungen.

Wovon Bären träumen - Das Felsenhotel

Wie wäre es denn mal mit einer Übernachtung in einem Felsen? Im Felsenhotel in der Türkei ist das möglich. Und wir reden hier nicht von einer

Höhle für
Bären oder
Wölfe, sondern
von einem
ernst zu neh-
menden Hotel.
Vor vielen
Jahrhunderten

wurden diese Höhlen als Schutz vor Eindring-
lingen in den Fels gegraben, inzwischen sind sie
modernisiert und gemütlich eingerichtet worden. Die Höhlenzimmer sind komplett mit Mö-
beln ausgestattet und ein Badezimmer ist auch
vorhanden. Man betritt also eigentlich ein mehr
oder weniger normales Hotelzimmer mit Fels-
wänden statt Tapeten. Hier würde sicher auch so
mancher Bär gern übernachten.

Auge in Auge mit der Baumkrone – Das Baumhotel

Dieses Hotel ist perfekt für alle, die immer schon
mal wissen wollten, wie sich Tarzan wohl so ge-
fühlt hat. Im Baumhotel in Österreich wird der

Übernachtungsgast nämlich auf Baumwipfelhöhe gebracht. Auf hölzernen Stelzen sind hier Luxus-Baumhäuser gebaut und das immerhin in der stolzen Höhe von zehn Metern über dem Boden. Die Häuser selbst gehen teilweise über zwei Stockwerke und sind mit allem ausgestattet, was man braucht. Um einen herum nur Natur und natürlich viel Wald.

Tower, erbitte Schlaferlaubnis – Das Flugzeughotel

In Neuseeland gibt es die Möglichkeit, in einem alten Frachtflugzeug zu übernachten. Auch für Leute, die unter Flugangst leiden. Der Flieger bleibt nämlich am Boden und die unbequemen Sitze wurden durch wesentlich bequemere Möbel ausgetauscht. Und man kann sicher sein, dass man am gleichen Ort aufwacht, an dem man eingeschlafen ist. Dieser Flieger bekommt keine Starterlaubnis mehr.

Keine Angst vor nassen Füßen – Das Unterwasserhotel

Gummistiefel braucht man trotzdem nicht, wenn man in diesem Hotel übernachtet: dem Unterwasserhotel in Finnland. Eigentlich sieht es ja ganz normal aus: ein kleines rotes Häuschen auf dem Wasser. Aber das ist nur der Eingang. Um in sein Zimmer zu gelangen, muss man durch eine wasserdichte Röhre in die Tiefe klettern. Dort unten kann man es sich dann gemütlich machen – wenn es einen nicht stört, Wand an Wand mit Flipper zu liegen.

Bitte alle einchecken – Das Bahnhofshotel

Statt Fahrplänen gibt es hier nur noch Zimmerpläne. Dieses Hotel befindet sich in einem ehemaligen englischen Bahnhof. Zumindest die Hotellobby. Als Zimmer dienen zwei ausrangierte Eisenbahn-Waggons. Früher fuhren sie als Speisewagen durch die Welt, nun sind gemütliche Hotelzimmer daraus geworden.

Auf du und du mit dem Frost – Das Eishotel

Natürlich darf ein Eishotel in dieser Aufzählung nicht fehlen. Man findet es in Schweden. Dieses Hotel besteht vollständig aus Eis. Deshalb muss es auch jedes Jahr aufs Neue aufgebaut werden. Und es handelt sich hier nicht etwa um ein kleines windschiefes Iglu, sondern um eine richtige Hotelanlage mit sechzig Eiszimmern. Aus rund dreißigtausend Tonnen Schnee und zehntausend Tonnen meterdicken Eisblöcken, die aus dem zugefrorenen Fluss gleich um die Ecke stammen, entsteht Jahr für Jahr dieses besondere Hotel.

Die Innentemperatur beträgt ungefähr minus fünf Grad Celsius, was verglichen mit der Außentemperatur von minus dreißig Grad Celsius fast als warm durchgehen kann. Wem das doch ein wenig kühl vorkommt, der kuschelt sich in die speziellen Schlafsäcke und Rentierfelle, die auf den Betten zu finden sind.

Im Namen des Gesetzes –
Das Knasthotel

Und noch mal Schweden. Normalerweise übernachtet man hier, wenn man die Hotelrechnung nicht bezahlt hat. Aber in diesem Fall zahlt man sogar für eine Übernachtung in der Zelle. In Schweden gibt es nämlich ein Knasthotel, ein Hotel in einem ehemaligen Gefängnis. Die Zellen wurden renoviert und gemütlich eingerichtet. Und auch die Zeiten von Wasser und Brot sind zum Glück vorbei. Heute gibt es ein reichhaltiges Frühstücksbüffet.

Papier kann aber auch einiges

Der Weg zum Papier

Geschrieben oder gemalt wurde schon seit Tausenden von Jahren. Man ritzte Nachrichten auf Tontafeln, schrieb auf Bambus, Seide oder auch Papyrus (hergestellt aus Pflanzenfasern) und Pergament (hergestellt aus Tierhäuten).

Man hat sich eine ganze Menge einfallen lassen, bis schließlich jemand auf die Idee kam, einen Brei aus Pflanzenfasern herzustellen, ein paar Bindemittel dazuzugeben, damit das Ganze etwas fester zusammenhielt, es dann in Form zu bringen und trocknen zu lassen: Das Papier war geboren.

Und trotz Computer und E-Mail ist es nach wie vor nicht aus unserem Leben wegzudenken. Oder was haltet ihr hier gerade in der Hand?

Geklautes Papier

Die Grundidee einer Bücherei oder auch Bibliothek dürfte eigentlich klar sein: Man geht hin, sucht sich ein Buch aus und leiht es sich aus. Dann liest man es und bringt es wieder zurück. Leider gibt es aber einige Zeitgenossen, die denken, eine Bücherei dient dem kostenlosen Aufbau der eigenen Bibliothek. Und das bringt uns zu einer interessanten Frage: Welches Buch wird am häufigsten aus Büchereien geklaut?
Es ist das Guinness-Buch der Rekorde. Klar, musste ja irgendwie sein, oder?

Wertvolles Papier

Geldscheine werden nicht einfach aus normalem Papier hergestellt, sondern aus Baumwolle. Das ist eine von vielen Vorsichtsmaßnahmen, um Geldfälschern das Leben bzw. die Arbeit zu erschweren. Und wenn mal ein Geldschein aus Versehen in der Waschmaschine landet, macht es auch nichts.

Berühmtes Papier

Eine zusammengeknäulte Papierkugel hat bei einem Fußballspiel zwischen dem HSV (dem Hamburger Sportverein) und Werder Bremen Fußballgeschichte geschrieben. Sie lag auf dem Spielfeld in der Nähe des Hamburger Tors, und als der Hamburger Verteidiger den Ball spielen wollte, hüpfte der Ball über das Papier, veränderte seine Flugbahn und wurde so von dem verblüfften Verteidiger aus Versehen ins Aus geschossen.

Die daraus resultierende Ecke für Werder Bremen führte zu einem Tor und das wiederum führte zu ziemlichem Unmut gegenüber der Papierkugel. Sie wurde von einem Fernsehsender sichergestellt. Ob sie später wieder auf freien Fuß gesetzt wurde oder gar einen Vertrag von Werder Bremen angeboten bekam, ist nicht bekannt.

Fliegendes Papier

Es gibt sogar Papierflieger-Meisterschaften.

In drei Disziplinen muss man sich behaupten: längster, weitester und kunstvollster Flug. Die Teilnehmer bekommen ein Blatt Papier und eine halbe Stunde Zeit. Dann müssen sie aus dem Papier einen Papierflieger basteln, mit dem sie sich an der jeweiligen Disziplin versuchen.

Hoch hinaus

Hallo? Ist da jemand?

Glaubt ihr an Außerirdische? Nein?

Nun, die NASA, also die amerikanische Welt-
raumbehörde, scheint daran zu glauben. Denn
sie hat ihnen nicht nur einmal, sondern mehr-
fach eine Art Flaschenpost geschickt.

Als Erstes geschah dies mithilfe von kleinen gol-
denen Tafeln, auf denen eine kurze Botschaft
über die Menschen und die Erde eingraviert
war. Mit den Raumsonden „Pioneer 10" und
„Pioneer 11" wurden zwei dieser Plaketten 1972
ins All geschossen.

Fünf Jahre später war das Mitteilungsbedürfnis
der NASA ein wenig größer und aus der Plakette
wurde eine goldene Datenscheibe, auf der Ge-

räusche, Musik, Grußworte in fünfundfünfzig verschiedenen Sprachen, eine Ansprache des damaligen amerikanischen Präsidenten und noch einiges mehr enthalten waren.

Übrigens vergoldete man die Datenscheibe, damit sie möglichst lange hielt. Gold ist nämlich ein sehr haltbares Metall, das von Luft, Wasser und den meisten Chemikalien nicht angegriffen wird.

Völlig losgelöst

Astronauten müssen eine Menge trainieren. Unter anderem auch, sich in der Schwerelosigkeit zu bewegen – falls man unterwegs mal eben aussteigen muss, um eine Schraube am Raumschiff festzuziehen oder den Seitenspiegel auszurichten.

Da die Erdanziehungskraft ja nachlässt, je weiter man sich von der Erde entfernt, herrscht im Weltraum Schwerelosigkeit. Und um sich unter diesen Umständen einigermaßen gut bewegen zu können, üben das die Astronauten vorher unter Wasser.

Warum unter Wasser? Weil das Bewegen im Wasser ein ähnliches Gefühl der Schwerelosigkeit vermittelt wie im Weltraum.

Im europäischen Trainingszentrum der Astronauten in Köln gibt es ein Schwimmbecken, in dem in zehn Metern Tiefe ein Modell eines Teils der Raumstation ISS aufgebaut ist.

Kleider machen Astronauten

Als am 20. Juli 1969 die amerikanischen Astronauten mit der „Apollo 11" auf dem Mond landeten, war eines besonders wichtig: gute Raumanzüge. Auf dem Mond herrschen nämlich extreme Temperaturen. An einem Mondtag kann es bis zu hundertzwanzig Grad Celsius heiß werden (da kocht sogar schon Wasser!) und in der Mondnacht bis zu frostigen minus hundertfünfzig Grad Celsius.

Die Raumanzüge bestanden aus einundzwanzig Lagen. Verschiedene Textilien, Kunststoffe und Metalle sollten die Astronauten schützen.

Auch Schläuche waren eingearbeitet, sie waren für die Sauerstoffversorgung wichtig. Einige

Schläuche dienten auch der Kühlung, damit dem Astronaut im Anzug nicht zu heiß wurde.

Da kommt natürlich ganz schön viel Gewicht zusammen. So ein Anzug wog etwa achtzig Kilogramm. Gut, dass es auf dem Mond keine Schwerkraft gibt, sonst hätten die Astronauten ganz schön was zu schleppen gehabt.

Längster Aufenthalt im All

Den Weltrekord für den längsten Aufenthalt im All hält der russische Kosmonaut Waleri Poljakow. Er kehrte nach 437 Tagen auf der Raumstation MIR wieder zurück auf die Erde.

Astronaut oder Kosmonaut?

Was ist eigentlich der Unterschied zwischen einem Astronaut und einem Kosmonaut?

Nur die Staatszugehörigkeit. In Russland und Teilen Mittel- und Osteuropas werden die Raumfahrer Kosmonauten genannt. Amerikanische und europäische Raumfahrer heißen Astronauten.

Und dann gibt es auch noch die Taikonauten.
Das sind Raumfahrer aus China.

Einmal Weltraum hin und zurück

Aber man muss nicht unbedingt Astronaut, Kosmonaut oder Taikonaut sein, um ins Weltall fliegen zu können. Man muss nur um die zwanzig
Millionen Dollar für ein Ticket bezahlen können
und wollen. So viel soll der erste offizielle Welt-
raum-Tourist für einen Flug zur Raumstation ISS
bezahlt haben. Hin und zurück, versteht sich.

Ein richtig gefährliches Kleidungsstück

Welches Kleidungsstück ist das gefährlichste
der Welt?
Ein Handschuh. Das klingt jetzt erst mal nicht
sonderlich gefährlich. Trotzdem, der Handschuh, um den es hier geht, ist wirklich gefährlich. 1965 hat ihn der amerikanische Astronaut
Edward White beim ersten Raumspaziergang
verloren.

Das heißt, der Handschuh fliegt im Weltraum umher. Mit rund 28 000 Stundenkilometern. Nur mal so zum Vergleich: Bei der Formel 1 werden Spitzengeschwindigkeiten von 270 bis 290 Stundenkilometern gefahren. Klingt ziemlich wenig im Vergleich zu unserem Handschuh.

So schnell ist er übrigens, weil er ja die Erdanziehung überwinden muss, um überhaupt im All schweben zu können. Und das geschieht über die Geschwindigkeit.

Ganz schön was los

Im Weltall schwirrt aber nicht nur der Handschuh herum, sondern auch noch so manch anderer Gegenstand. Inzwischen sind es in etwa 600 000 Objekte, die dort oben herumfliegen.

Darunter befinden sich Sachen wie verlorenes Werkzeug oder auch Müll von Raumstationen, der einfach mal „vor die Tür" gestellt wurde. Auch Teile von kaputten oder ausgedienten Raumstationen kann man dort oben antreffen. Und alles schwirrt mit der gleichen irrsinnigen Geschwindigkeit herum.

Da wird es langsam ganz schön eng.

Damit es nicht zu größeren Zusammenstößen kommt, gibt es das „Büro für Weltraumschrott". Die Mitarbeiter dieses Büros haben die Aufgabe, die ganzen Sachen, die dort oben herumfliegen, im Auge zu behalten. Das tun sie, um Warnungen herauszugeben, falls so ein Handschuh einer Raumfähre oder einer Raumstation zu nahe kommt. Die Astronauten können dann ausweichen, bevor es zu einem gefährlichen Zusammenstoß kommt.

Die Nase vorn

Nähern wir uns mal wieder der Erde und schauen, was da noch so herumfliegt.

Oder herumflog. Denn die Concorde, ein Überschall-Flugzeug und damit das schnellste Passagier-Flugzeug der Welt, ist im Jahr 2003 in den Ruhestand gegangen.

Das Auffällige an der Concorde war ihre lange, spitze Nase. Und die war manchmal etwas im Weg, wenn die Piloten beim Starten oder Landen etwas sehen wollten. Also hat man der Concorde eine versenkbare Nase gegeben. Sie konnte einfach weggeklappt werden, wenn sich das Flugzeug im Landeanflug befand.

Und genau so eine Nase wurde für 460 000 Dollar versteigert. Was derjenige wohl mit einer Flugzeugnase anfangen will?

Fliegende Haustiere

Wer schon mal mit seinem Haustier verreisen wollte, weiß, dass das unter Umständen etwas schwierig werden kann: nämlich dann, wenn man fliegen will. Ab einer bestimmten Größe muss das Tier in den Gepäckraum.

Das haben sich zwei Hundebesitzer zu Herzen genommen und in Amerika die erste Haustier-

Fluggesellschaft gegründet. Hier werden Tiere in Extraboxen im Passagierraum transportiert. Und sie haben sogar einen Flugbegleiter, der sich um ihr Wohl kümmert.

„Wir müssen leider draußen bleiben" gilt also bei dieser Fluggesellschaft für die Zweibeiner. Nur die vierbeinigen Reisegäste dürfen an Bord.

Eiskristalle aus dem Auspuff?

Übrigens … die Kondensstreifen, die wir am Himmel sehen, wenn ein Flugzeug vorbeigeflogen ist, bestehen aus Wasserdampf und kleinen Eiskristallen.

Der Grund dafür ist die extreme Kälte in diesen Höhen. Schließlich herrschen in zehntausend Metern Höhe Temperaturen um minus vierzig Grad Celsius. Da gefriert dann der Wasserdampf, der bei der Verbrennung des Kerosins (dem Benzin für Flugzeuge) entsteht.

Wer hat's erfunden?

Die Zahnbürste

Um 1500 herum kamen Chinesen auf die Idee, die Borsten eines Wildschweins an einem Griff aus Bambusholz zu befestigen. Damit war die erste Zahnbürste geboren. Aber auch vorher hat man sich schon um die Zahnpflege gekümmert. Da kaute man auf einem zerfaserten Stück Ast oder Holz herum.

Die Samurai – das sind die legendären, tapferen japanischen Krieger – gehörten zu den Ersten, die regelmäßig eine Zahnbürste benutzten.

Vielleicht musste man ja besonders tapfer sein, um sich mit so einer Wildschweinborsten-Zahnbürste die Zähne zu putzen. Auf alle Fälle haben Forscher entdeckt, dass die Samurai auffällig gut gepflegte Zähne hatten.

Also, wenn ihr euch das nächste Mal beschwert, dass ihr Zähne putzen sollt, denkt an die Samurai!

Moneten, Knete,
Zaster, Schotter, Kies

Steinharte Währung

Eine Währung, also Zahlungsmittel, kann eigentlich alles sein. Man muss sich nur darauf einigen, damit nicht jeder mit etwas anderem bezahlen will. Das geht dann schief.

Dass auch Steine als Währung infrage kommen, sieht man an der Insel Yap. Früher hat man dort nämlich tatsächlich mit Steinen, die einen bestimmten Wert hatten (auch Steingeld oder Rai genannt), bezahlt. Heute noch werden die Steine als Währung genutzt, allerdings nur noch selten. Da die Dinger so groß und so schwer sind, lässt man sie einfach an Ort und Stelle, auch wenn sie den Besitzer gewechselt haben. Man merkt sich einfach, wem welcher Stein gehört.

Es geht aber auch leichter

Papiergeld entstand im neunten Jahrhundert in China. Es war damals eine Art Ersatz zu Münzen und galt als ein Versprechen, einen gewissen Gegenwert in Münzen auszuzahlen.

Knapp vierhundert Jahre später kam in Europa das erste Papiergeld auf. Allerdings zunächst auch nur als Ersatz für Münzen und als Münzauszahlungsversprechen.

Die Bank von Stockholm gab 1661 als erste Bank in Europa Papiergeld aus. Die Banknote musste noch einige Rückschläge erleiden, bis sie sich schließlich im neunzehnten Jahrhundert als Währung neben der Münze durchsetzen konnte.

Geld stinkt nicht!

Woher kommt der Spruch und was sagt er eigentlich aus?

Es wird überliefert, dass der römische Kaiser Vespasian eine Gebühr von Leuten verlangte, die eine öffentliche Toilette benutzten. Sein Sohn fand das etwas fragwürdig. Daraufhin hielt Vespasian ihm das Geld unter die Nase und wollte wissen, ob ihn der Geruch stören würde. Sein Sohn verneinte und der Spruch „Geld stinkt nicht!" war geboren.

Was aber bedeutet er?

Damit soll ausgedrückt werden, dass auch Geld, das auf nicht so rechtmäßigem oder moralisch vertretbarem Weg erworben wird, Geld bleibt und seinen Zweck erfüllt.

Eine ganz eigene Währung

Nach dem Zweiten Weltkrieg gab es in Deutschland einen schwunghaften, wenn auch illegalen Tauschhandel. Produkte waren knapp und das Geld nicht viel wert.

Da man sich auf das Geld nicht verlassen konnte, brauchte man eine andere Währung, sonst hätte man ja zum Tauschen immer jemanden suchen müssen, der genau das hatte, was man suchte, und dafür genau das haben wollte, was man selbst loswerden wollte.

Als „Währung" für diesen Tauschhandel bürgerte sich die sogenannte „Zigarettenwährung" ein. Man bekam eine bestimmte Menge Zigaretten, wenn man etwas verkaufte, und zahlte eine bestimmte Menge Zigaretten, wenn man etwas kaufte.

Teure Milch

Um einen Liter Mäusemilch zu erhalten, muss eine Maus etwa viertausend Mal gemolken werden. Da das Melken mit einer Pipette vorgenommen wird und pro Melkvorgang ungefähr dreißig Minuten dauert, kann man erahnen, dass Mäusemilch ganz schön teuer ist. Denn das ist echte Schwerstarbeit – auch für die Maus. So würde ein Liter Mäusemilch etwa 20 000 Euro kosten.

Genutzt wird die Mäusemilch von Wissenschaftlern für medizinische Forschungszwecke.

Teure Tapete

In Hyder, einem kleinen Örtchen in Alaska, gibt es jede Menge Bären, eine Kneipe namens „Glacier Inn" und ungefähr einhundert Einwohner. Und ausgerechnet hier soll eine richtig teure Tapete hängen?

Stimmt. Schuld daran ist ein alter Brauch. Bergleute, die sich in der Kneipe das eine oder andere Bier gönnten, unterschrieben einen Geldschein und hefteten ihn an die Wand. Sozusagen als Vorauszahlung, falls sie beim nächsten Kneipenbesuch zwar Durst, aber kein Geld hatten. In dem Fall wurde dann der Geldschein von der Wand gezupft und das Bier rübergeschoben.

Daraus wurde eine Tradition und so sind im Laufe der Zeit eine Menge Geldscheine an die Wand gewandert. Und die bilden jetzt so etwas wie eine Tapete. Eine teure Tapete. Nach Schätzung der Besitzerin dürften wohl inzwischen so um die 85 000 Dollar an den Wänden hängen. Die älteste Banknote ist übrigens ein kanadischer 25-Cent-Schein aus dem Jahr 1870.

Teures Metall

Schon mal was von Seifengold gehört?

Das ist nicht etwa ein besonders sauberes Gold, mit dem man sich die Hände waschen kann. Seifengold ist Gold, das über Witterungseinflüsse, also durch Regen, Schnee, Wind oder Eis aus den Bergen herausgespült wird und sich an anderen Stellen wieder ablagert.

Es wird also von dem Ort, wo es entstanden ist, wegtransportiert und lagert sich zum Beispiel in Flüssen an, wo man Seifengold dann unter anderem in Form von kleinen Nuggets (Goldklumpen) findet. Der größte Goldnugget, der je gefunden wurde, wog stolze 214 Kilogramm.

Gold kann man essen

Moment mal, Gold kann man essen?

Ja, und zwar Blattgold. Blattgold ist ganz dünn ausgewalztes Gold. Gerade mal einen Mikrometer umfasst es noch – das ist ein Millionstel Meter, ein Tausendstel Millimeter –, es ist also richtig dünn.

Dieses Blattgold wird auf Speisen aufgetragen,

als kleine Flocken darübergestreut oder auch in Getränke gestreut. Die sollten dann aber durchsichtig sein, sonst macht es ja keinen Spaß.

Teures Essen

Klar, Essen kann ganz schön teuer sein. Aber 175 Dollar für einen Hamburger? Das sind immerhin 130 Euro. In New York ist das möglich. Und der Hamburger wird gekauft.

Aber warum ist der denn so teuer?
Das hat unter anderem mit dem Hackfleisch zu tun. Es handelt sich nämlich nicht um irgendein Hackfleisch, sondern um Rindfleisch, das von einem Kobe-Rind stammt. Kobe-Rinder kommen aus Japan und haben besonders zartes Fleisch, weil sie regelmäßig massiert werden. Also stecken in den 130 Euro schon mal ein paar Massagestunden für ein Rind. Hinzu kommen noch teure Pilze, Trüffel (ein noch teurerer, weil

sehr seltener unterirdischer Pilz) und nicht zuletzt Gold, das in Form von Blattgold auf den Burger gelegt wird.

Na dann guten Appetit!

Teure Haarpracht

Steuern sind so eine Sache. Keiner bezahlt sie gerne und jeder schimpft darüber. Nur der, der sie erhebt, reibt sich zufrieden die Hände. Und manchmal denkt der Regierende sie sich auch einfach nur aus, weil er Geld braucht. Wie praktisch.

Als da wäre …

… die Bartsteuer. Sie wurde 1698 in Russland eingeführt. Besteuert wurde dabei das Tragen eines Barts.

… oder die Perückensteuer. Die gab es von 1698 bis 1717 in Preußen. Alle, die eine Perücke trugen, mussten Steuern bezahlen.

… oder die Zuckersteuer. Sie wurde 1841 in Deutschland eingeführt und erst 1993 wieder abgeschafft.

Zehn kuriose Sportarten

Pfahlsitzen

Beim Pfahlsitzen macht man genau das, wonach es sich anhört: Man sitzt auf einem Pfahl. Der Pfahl ist etwa zweieinhalb Meter hoch, man sitzt auf einem fünfzig mal sechzig Zentimeter großen Brettchen und es gibt genaue Regeln, wann man wie lange mal kurz runterdarf. Nämlich alle zwei Stunden für zehn Minuten.

Das klingt erst mal leichter, als es ist. Man braucht nämlich ein gutes Gleichgewichtsgefühl und auch eine ordentliche Portion Durchhaltevermögen, denn so ein Wettbewerb geht über Wochen.

Gewonnen hat derjenige, der am längsten auf seinem Pfahl sitzen bleibt.

Extrem-Bügeln

Beim Extrem-Bügeln geht es um das Bügeln in extremen Situationen oder an extremen Orten – zum Beispiel auf der Spitze eines Bergs, auf einem Baum oder in einem offenen Flugzeug. Der Phantasie sind hier keine Grenzen gesetzt. Erfunden hat das Ganze übrigens ein Engländer, der keine Lust auf Hausarbeit hatte und in die Natur wollte.

Treppenlauf-Rennen

Beim Treppenlauf-Rennen läuft man die Treppen in einem Treppenhaus hoch. Und das kann richtig anstrengend sein.

Gestartet wird entweder in einer Gruppe – wie beispielsweise im Empire State Building in New York – oder aber einzeln in Abständen von einer Minute – wie beispielsweise in Taipei (Taiwan). Wettbewerbe und Meisterschaften finden überall auf der Welt statt, Voraussetzung ist nur ein ordentlich hohes Gebäude mit einem Treppenhaus.

Gummistiefel-Weitwurf

Der Gummistiefel-Weitwurf wird im Rahmen der schottischen Highland Games ausgetragen. Geworfen wird mit Anlauf und gewonnen hat derjenige, der den Gummistiefel am weitesten schleudern kann.

Die Legende erzählt, dass diese Sportart entstand, weil der Hausherr mal wieder mit matschigen Gummistiefeln in sein bis dahin sauberes Heim kam und seine Frau dann wutentbrannt die Gummistiefel im hohen Bogen aus dem Haus geworfen hat.

Also, wenn ihr das nächste Mal mit schmutzigen Schuhen nach Hause kommt: Rechtzeitig ausziehen, sonst könnte es sein, dass sie euch irgendwann mal entgegenfliegen!

Unterwasser-Eishockey

Ja, hier geht es um Eishockey unter Wasser. Klingt echt schräg und genau das ist es auch, nämlich so schräg, dass es um 180 Grad gedreht wurde.

Gespielt wird kopfunter im Wasser unter der Eisfläche. Dort ist auch das Spielfeld eingezeichnet und die Tore sind ebenfalls dort angeschraubt: an die Unterseite der Eisfläche.

Spätestens jetzt wird klar, dass es sich hier um Extremsport handelt. Nicht nur, dass die Spieler tauchen müssen, sie machen das auch noch ohne Sauerstoffflaschen. Sie müssen also die Luft anhalten, während sie spielen. Deshalb kommen als Spieler nur Freitaucher infrage. Das sind Taucher, die dafür trainieren, ohne Sauerstoffflaschen zu tauchen. Sie können also richtig lange die Luft anhalten.

Eine Mannschaft besteht aus zwei Spielern, die sich abwechseln. Ein Spieler holt Luft und der andere spielt unter Wasser. Gespielt wird mit einem Styropor-Puck, weil Styropor leichter als Wasser ist, nach oben schwimmt und an der Unterseite der Eisdecke liegen bleibt.

Weltmeisterschaften wurden auch schon ausgetragen. Natürlich im Winter und natürlich an, beziehungsweise unter einem zugefrorenen See. Live dabei zu sein, ist allerdings etwas schwierig. Es sei denn, man ist ein Pinguin oder eine Robbe. Für alle anderen wird der Kampf unter Wasser auf Leinwände oberhalb des Wassers übertragen.

Sumpffußball

Bei dieser Sportart gelten die normalen Fußballregeln, nur das Feld würde so ziemlich jeden Platzwart in den Wahnsinn treiben: Es wird im Matsch gespielt. Die Spieler versinken mindestens bis zu den Knöcheln, manchmal sogar bis zu den Knien im Matsch. Das beste Mittel gegen das Versinken ist immer in Bewegung zu bleiben.

Der Sport kommt aus Finnland und seit 2000 werden auch Weltmeisterschaften im Sumpffußball ausgetragen.

Weihnachtspudding-Rennen

Dieses Rennen findet jedes Jahr in London in der Weihnachtszeit statt. Aber was genau rennt da? Ein Pudding? Und wohin und wie lange und warum?

Zunächst einmal ein paar Erläuterungen zum Weihnachtspudding, auch Plumpudding genannt. Dabei handelt es sich um eine traditionelle englische Speise, die in England zu Weihnachten gehört wie ein Weihnachtsbaum oder der Weihnachtsmann. Der Plumpudding besteht aus Zutaten wie Mehl, Semmelbrösel, getrockneten Früchten und Nüssen.

Jetzt aber zurück zum sportlichen Aspekt: Die Teilnehmer müssen in Kostümen eine Art Hindernislauf absolvieren und dabei einen Plumpudding auf einem Tablett balancieren. Das

Ganze findet als Staffellauf statt. Es treten Teams mit je sechs Mitgliedern gegeneinander an.

Und es gibt dabei nicht nur einen Gewinner. Prämiert wird das schnellste Team, aber auch das Team mit dem fantasievollsten Kostüm.

Buschball

Schon mal was von Buschball gehört? Im Prinzip ist das eine Kreuzung zwischen Fußball und Golf.

Ziel des Spiels ist es, mit dem Fußball eine vorher in der freien Natur aufgestellte Fahne mit möglichst wenigen Schüssen zu treffen. Man spielt mindestens zu zweit, wobei ein Spieler die Fahne aufstellt und die anderen versuchen, sie zu treffen. Gezählt werden die benötigten Schüsse, bis die Fahne getroffen wurde, mehr als neun dürfen es aber nicht sein.

Der erste Durchgang ist beendet, sobald jeder Spieler einmal die Fahne aufgestellt hat. Wie viele Durchgänge man spielen will, entscheiden die Spieler selbst.

Penspinning

Übersetzen könnte man „Penspinning" mit „Stift-Drehen". Das kennt ihr vielleicht aus langweiligen Schulstunden, wenn man anfängt, mit dem Stift zu spielen, um sich wach zu halten. Das haben einige Leute perfektioniert. Mit einer unglaublichen Geschwindigkeit lassen sie einen Stift um die Finger wirbeln, machen kleine akrobatische Kunststücke damit und haben anschließend weder einen Knoten in den Fingern, noch brauchen sie einen neuen Stift, weil der alte im hohen Bogen davongesegelt ist. Echt beeindruckend.

Und auch hier gibt es Wettbewerbe, bei denen die Schwierigkeit und Ausführung der Kunststücke bewertet werden.

Hockern

Als Gerät für diesen Sport wird ein Hocker benötigt. Also ein Stuhl ohne Lehne. Damit macht man Tricks wie ein Profi mit einem Skateboard. Sprünge und Balanceakte und zwischendrin setzt man sich immer wieder drauf.

Bewertet wird eine Kür, die zwei Minuten dauert. Ähnlich dem Skateboarden ist auch das Hockern mitunter gefährlich. Waghalsige Sprünge, die danebengehen, und wackelige Hocker können schon mal zu Blutergüssen und Verstauchungen führen.

Das Praktische beim Hockern aber ist, dass man sich einfach auf sein Sportgerät setzen und ausruhen kann, wenn man müde ist. Bei welcher anderen Sportart geht das schon?

Schon mal gehört?

Etwas abkupfern

Wer den Spruch zu hören
bekommt, kann mit Ärger
rechnen. Gemeint ist näm-
lich, dass man nicht der
Verfasser eines Werkes
ist, es aber möglicher-
weise als eigenes ausgegeben
hat. Denn genau das steckt hinter dem Aus-
spruch „etwas abkupfern". Man kopiert etwas,
ohne wirklich etwas damit zu tun zu haben.
Der Spruch stammt von einer alten Drucktech-
nik, die zum Vervielfältigen verwendet wurde:
dem Kupferstich.

Das ist Kokolores

Wenn ihr eurer Mutter lang und breit erklärt,
warum ihr zu spät nach Hause gekommen seid,
und sie ausruft: „Das ist doch Kokolores!", dann
bedeutet das nichts Gutes.

Mit Kokolores ist Unfug, Geschwätz oder auch Prahlerei gemeint. Was in eurem Fall leider heißt: Eure Mutter glaubt euch kein Wort.
Kokolores geht auf den Hahn zurück, der sich aufplustert und herumkräht. In einigen Dialekten bedeutet Kokolores „Hahn" oder auch „Kikeriki".

In die Schranken weisen

Jemanden in die Schranken weisen, heißt jemanden zurechtzuweisen, ihm also mitzuteilen, dass er sich an bestimmte Regeln halten soll.
Diese Redewendung lässt sich auf das Mittelalter zurückführen, als Ritterturniere noch an der Tagesordnung waren.
Damals trat man „in die Schranken" – ein Kampffeld, das durch Schranken (Holzbalken) eingegrenzt war. Und auf diesem Feld galten bestimmte Regeln, an die man sich zu halten hatte.

Seine Schäfchen ins Trockene bringen

Das ist genauso gemeint, wie es gesagt wird. Man bringt seine Schafe dahin, wo es trocken ist, um sie zu retten. Der Satz bedeutet also, dass man seinen Besitz retten will.

Aber warum muss man die Schäfchen ins Trockene bringen? Erkälten sie sich leicht? Oder verträgt die Wolle keine Feuchtigkeit?

Weder noch. Früher liefen Schafe, die auf einer feuchten Weide standen, Gefahr, sich eine Leberentzündung einzufangen. Nicht direkt durch die Feuchtigkeit, sondern durch Leberegel, die auf sumpfigen Gebieten lebten.

Wollte man also kein Schaf verlieren, musste man sie ins Trockene bringen. Man rettete die Schafe und damit seinen Besitz.

Einen Zahn zulegen

Den Spruch kennt ihr sicher auch. Was damit gemeint ist, ist klar: Man soll mal etwas schneller machen. Aber woher kommt der Spruch?
Vermutlich stammt er aus dem Mittelalter und zwar aus der Küche. Damals wurde noch über offenem Feuer gekocht. Die Hitze wurde dadurch reguliert, dass man den Kessel mal höher (langsamer kochen) und mal tiefer (schneller kochen) hängte. Der Kessel hing an einer Art Eisenschiene mit mehreren Abstufungen (Zähnen), einer Säge nicht unähnlich. Wollte man, dass es schneller ging, musste man den Kessel tiefer hängen, also einen Zahn zulegen.

Ins Fettnäpfchen treten

Gemeint ist mit dieser Redewendung, dass man etwas unabsichtlich tut oder etwas unbedacht sagt, was einen anderen ärgert. Dabei wollte man das gar nicht. Es ist nun aber zu spät und man ist dummerweise ins Fettnäpfchen getreten.
Aber wie kann man in einen Fettnapf treten?

Früher stand das Stiefelfett in der Nähe des Ofens in einem Topf. Der Eintretende sollte sich gleich die nassen Stiefel einfetten können, damit das Leder nach dem Trocknen nicht hart wurde. Wenn er aber aus Versehen in den Fettnapf trat, gab es eine ganz schöne Schweinerei, was die Stimmung etwas trübte ...

Wer zuerst kommt, mahlt zuerst

Wenn ihr das zu hören bekommt, bedeutet es, dass ihr wohl mal wieder zu spät seid und andere vor euch sind. Also müsst ihr warten und euch hinten anstellen.

Dieser Spruch stammt sogar aus einem Gesetz. Einem ziemlich alten. Es regelte die Reihenfolge beim Kornmahlen in der Mühle. Wenn die Bauern mit ihrem Korn zum Müller kamen, um sich Mehl daraus mahlen zu lassen, bediente der Müller sie in der Reihenfolge, in der sie kamen. Nämlich den Ersten zuerst.

Hier geht die Post ab

Die allererste Briefmarke der Welt

Die allererste Briefmarke wurde 1840 in Großbritannien gedruckt. Die sogenannte „One Penny Black".

One Penny (ein Penny), weil das der Wert war, und Black, nun das war die Farbe, in der sie gedruckt wurde: schwarz. Und weil es noch keine weiteren Briefmarken gab, stand keine Länderangabe auf der Marke.

Bis heute dürfen die Briten ihre Marken ohne Länderangabe drucken und verschicken. Alle anderen müssen auf ihre Briefmarken schreiben, aus welchem Land sie kommen.

Warum Postkarten verboten waren

Wer bekommt nicht gerne eine Postkarte? Vorne ein schönes buntes Bild und auf der Rückseite eine persönliche Nachricht. In diesen Genuss konnte man aber vor 1870 nicht kommen.

Bis dahin war das Verschicken von Postkarten nämlich verboten. Man fand es damals unschicklich, wenn andere Leute den Inhalt lesen konnten.

Teuerster Brief der Welt

Es gibt nicht nur die teuerste Briefmarke der Welt, sondern auch den teuersten Brief der Welt. Grund dafür sind aber wiederum die Briefmarken. Auf dem Briefumschlag eines Briefs, den ein Weinhändler an einen Geschäftskollegen in Paris schickte, kleben nämlich sowohl eine blaue als auch eine rote Mauritius.

Da die beiden Briefmarken einzeln schon zu den teuersten der Welt gehören, kommt hier natürlich ordentlich was zusammen. Der Wert des Briefs wird auf mehrere Millionen Euro geschätzt.

Wertvolle Nachricht

Heute kann man sich das gar nicht mehr vorstellen, aber es gab eine Zeit, in der der Nach-
richtentransport mit Brieftauben einen deutli-
chen Informationsvorsprung brachte. Üblicherweise wurde die Nachricht auf einen kleinen
Zettel geschrieben, zusammengerollt und in
einem Behältnis am Bein oder auf dem Rücken
der Taube befestigt.

Im Jahr 1815 erfuhr der Geschäftsmann Nathan
Rothschild durch eine Brieftaube als einer der
Ersten vom Ausgang der Schlacht bei Waterloo.
Dieses Wissen nutzte er für seine Geschäfte und
war dadurch im Vorteil gegenüber anderen. Das
zahlte sich aus und er machte einen ordentli-
chen Gewinn.

Ob er die Brieftaube an seinem Gewinn betei-
ligte, ist nicht bekannt. Es ist allerdings zu be-
fürchten, dass sie leer ausging.

Briefmarken haben Zähne

Gemeint sind damit diese Zacken am Rand der Marken. Die sind ziemlich praktisch, um das Abtrennen einzelner Marken zu ermöglichen. Schließlich werden die Briefmarken ja nicht einzeln gedruckt, sondern in großen Bögen und dann muss man sie irgendwie wieder trennen können.

Bis die Zähnung aber so perfekt war, wie sie heute bei unseren Briefmarken ist, hat es gedauert. Ganz am Anfang musste der arme Postbeamte sogar die Briefmarken einzeln mit einer Schere aus dem Bogen ausschneiden.

Majestätsbeleidigung durch eine Briefmarke

Eine englische Briefmarke,
auf der der Kopf der Königin zu sehen ist, darf man nicht verkehrt herum aufkleben. Das käme einer Majestätsbeleidigung gleich und steht unter Strafe.

Worauf man alles achten muss …

Post für einen Baum

Ein Baum, der Post bekommt? Und das sogar an eine eigene Postanschrift?

Doch, das gibt es. Und zwar in Eutin, im nördlichen Teil von Deutschland. Die genaue Anschrift lautet:

Bräutigamseiche
Dodauer Forst
23701 Eutin

Aber wie kam es dazu?

Es handelt sich bei dem Baum um eine sehr betagte Eiche, die mehr als sechshundert Jahre alt ist. Aber das allein reicht noch nicht. Sonst müssten viele Bäume Post bekommen, denn Bäume werden sehr alt.

Dieser spezielle Baum ist, wie der Name schon andeutet, eine Art Heiratsvermittler. Ein Leipziger Schokoladenfabrikant hatte sich in eine Förstertochter aus der Gegend verliebt und sie sich in ihn. Ihr Vater war gegen die Verbindung und verbot, dass die beiden sich trafen. Also schrieben sie sich Briefe. Als Briefkasten diente ein Astloch in einer

Eiche. Schließlich gab der Vater doch nach und die beiden heirateten 1891 unter dieser Eiche.

Danach nutzten auch andere Leute die Eiche und das berühmte Astloch als Postumschlagplatz und schließlich bekam der Baum sogar eine eigene Adresse.

Seitdem schreiben Leute Briefe, die der Postbote in das Astloch legt, und andere Leute kommen und suchen sich unter diesen Briefen welche heraus, die ihnen gefallen, und schreiben dem Absender. Das widerspricht zwar dem Postgeheimnis, aber hier ist das ja sogar gewollt.

Zehn kuriose Feste

Achtung, tieffliegende Tomaten – Tomatina

Schon mal was von der „Tomatina" gehört?
Das klingt wie eine kleine Pizza mit wenigen Zutaten, ist aber ein Fest, das in Spanien stattfindet.
Alljährlich darf man sich hier eine Stunde lang hemmungslos mit überreifen Tomaten bewerfen. Die einzige Regel dabei: Man muss die Tomaten vorher zerdrücken, damit niemand verletzt wird. Die „Munition" wird übrigens von der Stadtverwaltung zur Verfügung gestellt.

Jetzt wird's schlammig - Mud Day

Einmal im Jahr verwandelt sich ein Teil eines Stadtparks in Michigan (USA) in ein großes, extra angelegtes Schlammfeld. Dort wird unter der Bezeichnung Mud Day (Schlammtag) ein Schlammfest für Kinder gefeiert.

Und statt einem ermahnenden „Mach dich nicht schmutzig" hört man von den Eltern jetzt ein aufforderndes „Na komm schon, spiel im Matsch". Toben und Wälzen im Matsch sind erlaubt. Und zum Schluss werden die beiden schlammigsten Kinder zu *Mister* und *Miss Matsch* gewählt.

Das Fest der Farben - Holi

Im Frühjahr feiert man in Indien das Fest der Farben. Gefeiert wird der Sieg des Guten über das Böse. Man bewirft sich mit buntem Farbpuder oder bespritzt sich mit buntem Wasser. Früher wurde übrigens Farbpuder benutzt, der aus Kräutern, Wurzeln und Blüten mit heilender Wirkung gewonnen wurde, heute sind es eher künstliche Farben.

Große Ehre für eine kleine Knolle – Knoblauchfestival

In Gilroy, einem Städtchen in Kalifornien, wurde vor über dreißig Jahren ein Festival ins Leben gerufen, das sich einer kleinen, oft missverstandenen Knolle widmet: der Knoblauchzehe. Seitdem wird jedes Jahr ein Knoblauchfestival gefeiert, um den Leuten zu zeigen, was man so alles aus Knoblauch machen kann.

Angeboten werden jede Menge leckere Gerichte mit Knoblauch und es findet ein Wettbewerb um das beste Knoblauchgericht statt. Und natürlich gibt es auch eine *Miss Knoblauch*. Ach ja, und ein Knoblaucheis soll auf dem Fest auch schon mal angeboten worden sein. Wie das wohl geschmeckt hat?

Ein Hoch auf die Schönheit – Kamelfestival

In Abu Dhabi findet regelmäßig ein Kamelfestival statt. Kamele sind in der Wüste unverzichtbar und haben in diesen Regionen einen sehr hohen Stellenwert.

Also ist es nur zu verständlich, dass man ihnen zu Ehren ein Fest feiert. Höhepunkt des Ganzen: ein Schönheitswettbewerb – für Kamele.

Eiskalte Baukunst – Eisskulpturenfestival

Im chinesischen Harbin findet jährlich ein Eis-skulpturenfestival statt. Dank des kalten Klimas (minus vierzig Grad Celsius) halten die Skulpturen recht lange, sodass das Festival bis zu einem Monat dauern kann.

Gebaut werden dabei oft Märchenfiguren oder bekannte Bauwerke, die nachts mit bunten Lichtern angeleuchtet werden. Über zweitausend Eisskulpturen in unterschiedlichen Größen können hier in einem Park bestaunt und auch begangen werden. Die Skulpturen sind teilweise nämlich meterhoch und auf manchen kann man sogar wie auf einer Eisbahn herumrutschen.

Das Lichterfest - Luminara

Einmal im Jahr im Juni findet in Pisa (Italien) das Lichterfest zu Ehren des Schutzpatrons der Stadt, des Heiligen Ranieri statt. Dabei werden bei Einbruch der Dunkelheit alle elektrischen Lichter entlang des Arno-Flusses gelöscht und stattdessen Kerzen oder Öllampen aufgestellt. Auch auf dem Fluss schwimmen tausende Kerzen.

Sauer macht lustig - Zitronenfest

In Frankreich werden die Zitronen mit dem alljährlichen Zitronenfest gefeiert. Und das zwei Wochen lang!

Eigentlich müsste es ja Zitrusfest heißen, weil auch Orangen eine Rolle spielen. Aus Unmengen von Orangen und Zitronen werden große Motive gebastelt, die in den Gärten gezeigt werden. Auch Festwagen werden mit Orangen und Zitronen dekoriert und mit Figuren aus Zitrusfrüchten geschmückt. Die Festwagen ziehen dann, ähnlich einem Karnevalsumzug, durch die Straßen.

Für das Fest benötigt man etwa dreihundert Helfer und hundertfünfundvierzig Tonnen Zitrusfrüchte. Eine Tonne besteht aus tausend Kilogramm, also kommen insgesamt 145 000 Kilogramm Früchte zum Einsatz.

Wenn man überlegt, dass ungefähr vier bis fünf Orangen ein Kilo ergeben (bei Zitronen sogar noch mehr), kann man sich in etwa vorstellen, wie viele Früchte hier unterwegs sind.

Nach dem Fest werden die Früchte, die überlebt haben, günstig verkauft.

Man bittet zu Tisch – Affenfest

In der kleinen Stadt Lopburi in Thailand wohnen jede Menge Affen. Sie sind zu einer Touristenattraktion geworden und werden daher gerne geduldet. Die Affen fühlen sich hier wohl und wenn sie mal zu frech werden, gibt es Affenwächter, die nach dem Rechten sehen.

Einmal im Jahr werden die Affen mit einem großen Festessen geehrt. Sie werden zu Tisch gebeten und man serviert den Affen Früchte, Süßspeisen und Limonade.

Wozu noch ins Kino gehen – Festival des nacherzählten Films

In Deutschland findet einmal im Jahr das Festival des nacherzählten Films statt. An zwei Tagen treten die Teilnehmer auf, um einen Film ihrer Wahl in zehn Minuten nachzuerzählen. Die Zuschauer stimmen ab, welche Nacherzählung ihnen am besten gefallen hat. Wer die meisten Stimmen bekommt, hat gewonnen. 2008 gewann übrigens eine Nacherzählung von „Der Herr der Ringe", Teil eins bis drei. Wie gesagt: in zehn Minuten!

Psst – geheim

Geheime Nachricht aus Griechenland

Eine der ältesten Verschlüsselungsmethoden ist die Skytale von Sparta (um 400 vor Christus). Die Griechen hatten damals einiges an Geheiminformationen hin- und herzuschicken.

Damit kein Unbefugter die Nachrichten lesen konnte, nahm man einen Stock, wickelte einen Leder- oder Pergamentstreifen darum (von oben nach unten, so dass der Stock damit bedeckt war) und schrieb die Nachricht darauf. Anschließend wickelte man das Pergament beziehungsweise Leder wieder ab und brachte es ohne Stock zum Empfänger.

Wollte er die Nachricht lesen, brauchte er einen Stock mit dem gleichen Umfang. Für alle anderen ergaben die Buchstaben auf dem Streifen keinen Sinn.

Die Römer können's aber auch

Cäsar war ein berühmter Staatsmann und Herrscher in Rom. Er war auch ein gefürchteter Feldherr, der ständig unterwegs war, um mal wieder ein anderes Land zu erobern.

Da es nicht ausblieb, dass Botschaften hin- und hergeschickt werden mussten, beschloss Cäsar, seine Nachrichten zu verschlüsseln.

Das tat er mithilfe des Alphabets. Er verschob die Buchstaben einfach um, sagen wir mal, zwei Plätze.

A B C D E F G H I J K L M N O P Q R S T U V W X Y Z
C D E F G H I J K L M N O P Q R S T U V W X Y Z A B

Wenn er jetzt also eine Nachricht schreiben wollte, nahm er statt des richtigen Buchstabens aus dem normalen Alphabet den Buchstaben

aus seinem verschobenen Alphabet, der unter
den richtigen Buchstaben stand.

H A L L O

würde dann zu:

J C N N Q

Damit kann erst mal kein Mensch etwas anfangen. Eigentlich gar nicht schlecht. Probiert es
selbst mal aus. Ach ja, und immer daran denken:
Wenn ihr wollt, dass zumindest ein Mensch das
decodieren, also in ein echtes Wort oder einen
echten Satz zurückverwandeln kann, müsst ihr
ihm den Chiffrier-Schlüssel mitteilen. In dem
Fall oben wäre das dann die zwei.

Jetzt funkt's

Nicht direkt eine Geheimsprache, aber zumindest auch ein Code ist das Morse-Alphabet. Im
Jahre 1837 hat der Erfinder Samuel F. B. Morse
einen Apparat vorgestellt, mit dem man Nachrichten über große Entfernungen als Signale
übermitteln konnte.

Er ordnete jedem Buchstaben eine Kombination aus langen und kurzen Signalen zu. Und damit dieser Code von allen benutzt werden konnte, schrieb er diese Kombinationen auf: Für kurze Signale schrieb er einen Punkt, für lange Signale einen Strich.

a	. _
ä	. _ . _
b	_ . . .
c	_ . _ .
ch	_ _ _ _
d	_ . .
e	.
f	. . _ .
g	_ _ .
h	. . . .
i	. .
j	. _ _ _
k	_ . _
l	. _ . .
m	_ _
n	_ .
o	_ _ _

ö	_ _ _ ·
p	· _ _ ·
q	_ _ · _
r	· _ ·
s	· · ·
t	_
u	· · _
ü	· · _ _
v	· · · _
w	· _ _
x	_ · · _
y	_ · _ _
z	_ _ · ·

Da er ziemlich praktisch veranlagt war, versah er häufig verwendete Buchstaben mit kurzen Codes. Buchstaben, die eher selten benutzt wurden, bekamen einen langen Code. Damit wurden sein Morseapparat und auch sein Morsealphabet der absolute Knaller.

Das könnt ihr übrigens auch ohne Morseapparat ausprobieren. Ihr braucht dazu einfach nur eine Taschenlampe, mit der ihr auch blinken könnt.

Indianer müsste man sein

Das amerikanische Militär
hatte während des
Zweiten Weltkriegs
eine besonders
clevere Idee,
Geheimnisse auch
geheim zu halten. Sie

benutzten den Navajo-Code. Das war eigentlich
gar kein Code, sondern eine Sprache: nämlich
die der Navajo-Indianer.
Die übersetzten die Nachricht aus dem Englischen in ihre Sprache und funkten das dann dem
Empfänger zu. Dort saß ebenfalls ein Navajo-Indianer am Funkgerät, der die Nachricht wieder
zurück ins Englische übersetzte und sie weiter-
gab.
Das schlug jedes noch so ausgeklügelte Code-
system. Außer den Navajo-Indianern gab es
nämlich nur eine Handvoll anderer Leute, die
diese Sprache verstanden. Und sie existierte
auch nicht in Schriftform, das heißt, es gab keine
Dokumente, die in der Navajo-Sprache geschrieben waren.

Damit hatte der Feind keine Chance, abgefangene Funksprüche zu decodieren.
Ziemlich genial!

Beim zweiten Klingeln rechts

In den Cable Cars in San Francisco (USA) wird ebenfalls eine ganz eigene Sprache benutzt. Cable Cars sind Schienenfahrzeuge – also so etwas Ähnliches wie eine Straßenbahn –, die aber mit dicken Stahlseilen bewegt werden. Die Seile oder auch Kabel laufen unter der Straße entlang und ziehen die Wagen. Daher das englische Wort „Cable" (Kabel) im Namen.

Diese Cable Cars, die auch ähnlich wie Straßenbahnen aussehen, gibt es schon seit 1873. Heute werden noch drei ausgewählte Strecken mit solchen Wagen befahren.

Aber nun zurück zu unserer Geheimsprache. Bei dieser Cable-Car-Sprache geht es nicht darum, Geheimnisse auszutauschen, sondern darum, dass sich der Fahrer und der Bremser eines Wagens verständigen. Genauer gesagt, müssen sie wichtige Informationen miteinander austauschen, ohne dazu immer durch den Wagen zu rennen. Und das geschieht, indem sie mithilfe von Glocken Klingelzeichen geben.

Klingel-Zeichen

Fahrer an Bremser	**Bremser an Fahrer**
	einmal
Anhalten.	Passagier will aussteigen.
	zweimal
Losfahren.	Fertig zur Abfahrt.
	dreimal
Notfall: Vollbremsung!	Notfall: Vollbremsung!
	viermal
Rückwärts fahren.	Rückwärts fahren möglich.

Übrigens gibt es auch jedes Jahr einen Wettbewerb. Dabei treten die Fahrer gegeneinander an und läuten ihre Glocken so schön wie möglich.

Eine Sprache mit Pfiff

Könnt ihr euch vorstellen, in der Schule ein Fach zu haben, in dem ihr Pfeifen lernt? Nein?

Das gibt es aber. Und zwar auf La Gomera, einer kanarischen Insel, die zu Spanien gehört. Hier pfeifen die Kinder allerdings nicht einfach vor sich hin, sondern lernen, eine Unterhaltung zu pfeifen. Unterrichtet wird nämlich „El Silbo", eine alte Pfeifsprache.

Das ist tatsächlich eine eigene Sprache, die mithilfe von Tonhöhe und Tonlänge eigene Laute entstehen lässt. Die Sprache ist zwar nicht sehr umfangreich, aber es lässt sich mit ihr auf einfache Weise kommunizieren. Damit sie nicht ausstirbt, ist „El Silbo" seit 1999 ein Pflichtfach an der Grundschule. Da geht man doch gerne zur Schule …

Also, wenn eure Eltern euch das nächste Mal entnervt bitten, mit dem Pfeifen aufzuhören, sagt einfach, ihr lernt Vokabeln!

Ist ein toter Briefkasten wirklich tot?

Ein toter Briefkasten ist nicht etwa ein Briefkasten, der nicht mehr lebt, es ist ein geheimer Briefkasten.

Und als solcher darf er natürlich auch nicht als Briefkasten erkannt werden. Im Prinzip ist ein toter Briefkasten also ein Versteck für Geheimnachrichten.

Der Absender legt die geheime Nachricht in ein Astloch oder in ein anderes möglichst unauffälliges Versteck (der Fantasie sind hier keine Grenzen gesetzt).

Wichtig dabei ist natürlich, dass sowohl Absender als auch Empfänger sich darauf geeinigt haben, was sie als Briefkasten nutzen.

Und man muss den Brief selbst dort hinbringen. Die Post stellt nicht an tote Briefkästen zu.

Wer hat's erfunden?

Der Smiley

Alles fing damit an, dass 1963 eine amerikanische Versicherungsgesellschaft ihre Mitarbeiter aufmuntern wollte.

Das Ganze sollte mithilfe von Anstecknadeln geschehen. Und natürlich sollte etwas Lustiges auf den Anstecknadeln stehen. Diesen Auftrag bekam der Werbegrafiker Harvey Ball. Er probierte ein paar Sachen aus und malte schließlich den Smiley. Der begeisterte nicht nur die Versicherungsgesellschaft und deren Mitarbeiter, sondern setzte zu einem weltweiten Siegeszug an.

Dummerweise hatte Harvey Ball vergessen, sich das Zeichen rechtlich sichern zu lassen, also festzuhalten, dass er es erfunden hat. Auf die Idee kam 1971 ein französischer Journalist. Er hat sich das lächelnde Strichgesicht als seine Erfindung sichern lassen, mit der Begründung, er habe es für einen Zeitungsartikel erfunden. Und seitdem verdient er richtig viel Geld mit dem Zeichen. Denn jeder, der etwas verkauft, das mit so einem Smiley bedruckt ist, muss ihm dafür etwas bezahlen.

Da konnte Harvey Ball wohl auch das nette Lächeln auf seiner Anstecknadel nicht mehr aufmuntern.

Dein Freund und Helfer

Tatütata

Wenn man das hört, weiß man sofort, was los ist. Das Martinshorn – offiziell auch Folgetonhorn genannt – ist der Erzeuger dieser Töne und kündigt Einsatzfahrzeuge der Polizei oder der Feuerwehr an.

Wer kam aber auf dieses Tatütata?

Das waren die Jäger. Die Tonfolge ist an ein Jagdhornsignal angelehnt und zwar dem Signal für Gefahr.

Andere Länder, andere Sirenen

In New York hat die Polizei einige ihrer Einsatzfahrzeuge aufrüsten lassen. Zusätzlich zu den

üblichen Sirenen haben sie nun einen soge-
nannten „Rumbler". Das ist ein Vibrationsalarm,
dessen Ton eine so niedrige Frequenz hat, dass
er sich auch noch Meter weiter als Vibration be-
merkbar macht. Damit sollen Leute auf die Poli-
zeiwagen aufmerksam gemacht werden, die das
Radio oder die Klimaanlage im Auto aufgedreht
haben oder aus irgendwelchen anderen Grün-
den die Sirene überhören.

Bitte rechts ranfahren

Wer schon immer mal einen Lamborghini, also
ein richtig schnelles und auch teures Auto fahren wollte, sollte sich bei der italienischen Polizei bewerben.
Die haben so ein Auto als Dienstfahrzeug. Damit
entkommt ihnen kein Temposünder mehr. Und
die meisten probieren es auch gar nicht erst – sobald der Polizei-Lamborghini auftaucht, geben
sie auf. Der in den Polizeifarben lackierte und
extra ausgestattete Wagen erreicht nämlich
Spitzengeschwindigkeiten von bis zu 325 Stundenkilometern.

Bevor die Polizisten einsteigen und auf Raser-
jagd gehen dürfen, müssen sie jedoch ein mehr-
tägiges Fahrtraining bei der Autofirma Lamborghini absolvieren.

Es geht aber auch langsam

Für eine etwas gemächlichere Fortbewegung
haben sich die Polizisten auf der Amazonas-
Insel Marajo entschieden.
Als Dienstfahrzeugflotte wurden ihnen asiati-
sche Wasserbüffel zugeteilt. Damit kann man
zwar keine Temposünder stellen, aber das ist
dort auch weniger das Problem. Die Büffel sind
perfekt, um sich in den sumpfigen Mangroven-
wäldern, die es dort überall gibt, fortzubewegen.
Mit einem Lamborghini würde man da nicht
weit kommen.

Bellen für den Polizeidienst

Mit Büffeln würde die Polizei hierzulande zwar
sicherlich auffallen, aber besonders effektiv
wäre sie wohl kaum. Also hat man andere Tiere

für den Polizeidienst ausgewählt. Und zwar den besten Freund des Menschen: den Hund.

Für den Polizeidienst zugelassen sind deutsche Schäferhunde, belgische Schäferhunde, Bouvier des Flandres, Airedale-Terrier, Boxer, Dobermann, Hovawart, Riesenschnauzer und Rottweiler.

Einfach nur zu den oben genannten Rassen zu gehören, reicht jedoch nicht. Ein Polizeihund muss noch ein paar bestimmte Eigenschaften mitbringen: Er muss einen starken Spieltrieb haben. Hunde lernen nämlich über das Spielen. Je stärker der Spieltrieb bei einem Hund ausgeprägt ist, desto mehr kann man ihm beibringen. Außerdem muss er eine gute Nase und Beuteinstinkt haben und sich unterordnen können.

Von den eigenen Ohren überführt

Dass ein Einbrecher mithilfe von Fingerabdrücken überführt wurde, hat man ja schon mal gehört. Aber aufgrund von Ohrabdrücken?!
Doch, das geht wirklich. Ein Ohrabdruck ist ähnlich einzigartig wie ein Fingerabdruck. Und das wurde einem Einbrecher in London zum Verhängnis. Er hat sein Ohr an die Wohnungstür gelehnt, um zu horchen, ob jemand zu Hause ist. Dabei hat er einen Abdruck seines Ohrs auf der Wohnungstür hinterlassen und wurde dadurch überführt.
In Zukunft wird er wohl lieber mit Ohrenschützern einbrechen.

Dem Täter auf der Spur

In Amerika und Großbritannien tragen die Ermittler, die an einem Tatort Spuren sichern, spezielle Überschuhe, auf deren Gummisohle „Police" (Polizei) steht. So wird vermieden, dass aus Versehen der Fußabdruck eines Ermittlers genommen und der dazugehörige Ermittler zur Fahndung ausgeschrieben wird.

Von drauß' vom Walde komm ich her

Woher der Weihnachtsmann seinen Mantel bekam

Was wäre Weihnachten ohne den Weihnachtsmann?! Und was wäre der Weihnachtsmann ohne seinen roten Mantel? Da würde einfach etwas fehlen. Aber wie kam der Weihnachtsmann zu seinem schicken roten Mantel?

Den hat er der Werbung zu verdanken. Genauer gesagt der Werbung für Coca Cola. Die Figur des Weihnachtsmanns gab es schon länger. Als im Jahr 1931 die Firma *Coca Cola Company* jedoch einen Weihnachtsmann zeichnen ließ und ihm jenen roten Mantel verpasste, wurde der

zum Inbegriff des Weihnachtsmanns schlecht-
hin. Angeblich diente ein Freund des Zeichners,
ein Coca-Cola-Ausfahrer, als Vorbild für Gestalt
und Aussehen.

Blau ist aber auch schön

In Russland hält der Weihnachtsmann – oder
auch „Väterchen Frost", wie er dort genannt
wird – an seiner traditionellen blauen Farbe fest.
Also, er ist nicht blau gefroren, sondern der
Mantel ist blau. Genau genommen blau-weiß,
was Frost und Kälte bedeutet. Väterchen Frost
ist nicht alleine unterwegs, ihm hilft seine Enke-
lin. Passend zum Familiennamen heißt sie
Schneeflöckchen.

Was haben Lebkuchen
eigentlich mit Weihnachten zu tun?

Schon in der Antike waren Lebkuchen beliebt.
Seit dem Ende des vierzehnten Jahrhunderts
gab es spezielle Lebkuchenbäcker, die „Leb-
küchner" oder auch „Lebzelter" genannt wur-

den. Die Oblaten gehörten übrigens nicht von Anfang an zu den Lebkuchen. Sie wanderten später unter den Teig, als sich mal jemand ärgerte, weil der Teig so klebrig war und am Backblech kleben blieb. Aber warum gehören die Lebkuchen eigentlich zu Weihnachten und nicht zu einem anderen Fest? Ganz einfach, weil man früher in der Adventszeit Buße tun und sich besinnen sollte. Und dazu gehörte auch das Fasten. Und da die Lebkuchen so gesund waren, wurden sie eine der Fastenspeisen der Adventszeit.

Was hat es mit der Weihnachtsinsel auf sich?

Um das mal klarzustellen: Weder feiert man hier jeden Tag Weihnachten, noch ist es ein Urlaubsparadies für Weihnachtsmänner.

Trotzdem hat die Insel etwas mit Weihnachten zu tun. Sie wurde nämlich am 25. Dezember, also an Weihnachten, entdeckt. Deshalb gab man ihr den Namen „Weihnachtsinsel". Falls ihr sie euch mal anschauen wollt: Sie liegt im Indischen Ozean in der Nähe von Java.

Ganz schön gruselig

Woher kommt der Name Halloween?

Halloween findet am 31. Oktober statt. Am nächsten Tag ist Allerheiligen. Im Englischen nannte man dieses Ereignis „All Hallows Evening", also den Vorabend zu Allerheiligen.

Und wie das nun mal so geht: Es gibt nichts, was nicht früher oder später abgekürzt wird. Aus „All Hallows Evening" wurde schnell "All Hallows E'en". Und von hier bis zu "Halloween" war es dann nur noch ein Katzensprung.

Und woher kommt das Fest?

Vermutlich ist es eine Mischung aus mehreren Dingen und geht auf die Kelten zurück. Die Kelten (heute würden wir sie Briten nennen, denn sie lebten vor ziemlich langer Zeit in England) feierten am 31. Oktober das Ende des Sommers. Denn nun begann der Winter und damit die dunkle Jahreszeit. Mit dem Wechsel der Jahreszeiten wechselten auch die zuständigen Götter.

Der für den Sommer zuständige Sonnengott machte Platz für den Gott der Toten, der im Winter das Sagen hatte. Außerdem glaubten die Kelten, dass am Abend des 31. Oktobers die Seelen der Verstorbenen auf die Erde kommen und in ihre alten Häuser zurückkehren würden. Beides, also der Jahreszeitenwechsel und der Besuch der Seelen der Verstorbenen, dürfte zum heutigen Halloween geführt haben.

Und was hat das mit einem Kürbis zu tun?

Das erklärt sich mit der Geschichte des Hufschmieds Jack. Der war kein besonders ehrlicher Mensch und hatte es geschafft, selbst den Teufel übers Ohr zu hauen. Und das sogar gleich zweimal und zwar jedes Mal am Abend

vor Allerheiligen (also an Halloween). Als Jack starb, machte er sich auf in Richtung Himmel. Da er aber, wie gesagt, kein sehr guter Mensch war, wurde er gleich wieder nach unten in die Hölle geschickt.

Dummerweise aber hatte er dem Teufel das Versprechen abgegaunert, dass der ihn nicht in der Hölle aufnehmen würde. Also blieb ihm auch diese Tür verschlossen.

Der Teufel versorgte ihn mit einem Stück glühender Kohle und schickte ihn anschließend weg. Jack irrte mit der glühenden Kohle heimatlos auf der Suche nach einer Bleibe umher. Er höhlte schließlich eine Rübe aus und legte die Kohle hinein, um sie nicht in der Hand tragen zu müssen.

Seit dieser Zeit schnitzen die Leute Gesichter in große Rüben und beleuchten sie. Damit wollen sie umherirrenden Geistern mitteilen, dass hier schon ein heimatloser Geist wohnt, es also keinen Platz für einen weiteren Geist gibt.

Aber wie kam die Beleuchtung in den Kürbis?

Die Geschichte von Jack und der Brauch mit den Rüben wanderten nach Amerika aus. Dort gab es mehr Kürbisse als Rüben. Deshalb wurde aus der Rübe ein Kürbis, in den ein Gesicht geschnitzt und eine Kerze gestellt wurde.

Es war einmal ...

Hexen dürfen an Halloween natürlich nicht fehlen, obwohl sie ja eigentlich einen eigenen Feiertag haben: die Walpurgisnacht. Und die findet in der Nacht vom 30. April auf den 1. Mai statt. Die Hexen fliegen auf Besen herbei, feiern ausgelassen und tanzen auf dem Blocksberg um ein Feuer herum. Der Blocksberg liegt übrigens im Harz und ist auch als „Brocken" bekannt.

Aber warum sind Hexen eigentlich immer alt, hässlich, haben Warzen und einen Buckel? Das liegt daran, dass Hexen als böse angesehen werden und das Böse muss einfach hässlich sein.

Außerdem hat die nicht sehr vorteilhafte Hexen-Zeichnung von „Hänsel und Gretel" aus der Märchensammlung der Gebrüder Grimm das Bild der Hexe geprägt. Die Illustration wurde von einem weiteren Grimm-Bruder, nämlich Ludwig Emil Grimm, angefertigt.

Andere Länder, andere Hexen

Die Hexe Baba Jaga treibt in osteuropäischen Märchen ihr Unwesen. Sie lebt in einer Hütte, die mit Hühnerfüßen ausgestattet ist. Das hat den Vorteil, dass die Hütte sich fortbewegen kann. Will die Hexe ohne Hütte Ausflüge machen, tut sie das auf einem Ofen, der auf Hühnerbeinen läuft. Sie wird als hässliche alte Frau dargestellt und ist den Menschen nicht wohlgesonnen.

Auch nicht viel besser ist Jenny Greenteeth (Johanna Grünzahn) aus England. Sie ist eine Wasserhexe mit grüner Haut, spitzen Zähnen und langen Haaren. Ihr sollte man besser nicht begegnen, da sie Menschen gern ins Wasser zieht, damit sie ertrinken.

In Japan finden sich gleich zwei Hexen: die Berghexe Yamauba und die Schneehexe Yuki Onna. Auch vor diesen beiden nimmt man sich besser in Acht.

Wenn der Besen mal streikt …

Was hat eine Hexe mit einer Automarke zu tun? Eigentlich erst mal gar nichts. Denn dass eine Hexe mal in einen Wagen sprang und mit Vollgas davonbrauste, ist nicht überliefert. Und trotzdem gibt es eine Verbindung zwischen Hexe und Auto: nämlich eine Automarke mit dem Namen „Hexe". Die Autos wurden zwischen 1905 und 1907 in Deutschland produziert.

Na denn: Prost!

Wenn es ums Gruseln geht, dürfen die Vampire natürlich nicht fehlen. Sie kommen nur nach Sonnenuntergang, weil sie die Sonne fürchten, ernähren sich von Blut und schlafen in Särgen. Und Vampire sind Untote, das heißt, sie sind zwar gestorben, leben aber trotzdem weiter.

Entstanden ist dieser Aberglaube dadurch, dass man früher für Missernten, plötzliche Todesfälle, Seuchen oder sonstige Katastrophen einen Schuldigen suchte. Ein Untoter war da eine gute Erklärung. Dass sie Blut trinken, wurde ihnen erst später auf die untoten Leiber gedichtet.

Der wohl berühmteste Vampir dürfte Graf Dracula sein. Graf Dracula ist eigentlich eine Figur aus einem Roman von Bram Stoker. Als Vorlage für seinen Grafen diente dem Autor ein rumänischer Fürst, der als besonders blutrünstig galt. Und so wurde Transsylvanien (da wohnte der rumänische Fürst nämlich) als das Zuhause des Grafen angesehen.

Wer hat's erfunden?

Die Taschenlampe

Die Taschenlampe zu erfinden, war eigentlich nur Plan B, sozusagen eine Notlösung. Denn ursprünglich ging es um einen beleuchteten Blumentopf.
Und den hatte sich Joshua Lionel Cowen ausgedacht. In dem Blumentopf steckte ein Stab mit einer kleinen Lampe, die die Blume von unten anleuchtete. Sein Angestellter Conrad Hubert kaufte ihm das Patent ab und ging mit dem leuchtenden Blumentopf in Produktion. Leider teilten die Kunden Huberts Begeisterung für angeleuchtete Blumen nicht. Also nahm er den Stab mit der Birne, veränderte ihn ein wenig und verkaufte das Ganze als tragbare Taschenlampe. 1903 bekam Hubert das Patent für eine ein- und ausschaltbare Taschenlampe.

Zehn kuriose Museen

Schwein gehabt –
Das Schweinemuseum

Im Süden von Deutschland befindet sich das größte Schweinemuseum der Welt.

Über 37 000 Ausstellungsstücke in 28 Räumen warten darauf, bewundert zu werden. Von Kitsch über Antiquitäten bis hin zu wertvollen Gegenständen findet sich hier alles rund ums und übers Schwein.

Ganz schön witzig –
Das Humormuseum

In der Nähe von Frankfurt findet sich ein Humormuseum. Wenn man dieses Museum besucht, muss man am Eingang seine Schuhe ausziehen und gegen Pantoffeln mit Tierköpfen tauschen.

Gezeigt werden jede Menge Scherzartikel, man kann einen begehbaren Riesenkäse erkunden und in einem der acht Säle steht man sogar Kopf. Oder das Zimmer steht Kopf. Je nach Standpunkt des Betrachters.

Pst, nicht weitersagen –
Das Spionagemuseum

In Finnland gibt es eins und auch in Amerika: ein Spionagemuseum.

Hier kann man die geheime Ausrüstung der Spione bestaunen, angefangen von unsichtbarer Tinte, über Knopflochkameras bis hin zu Dechiffrier-Maschinen. Und natürlich wird auch einiges über die Geschichte der Spione und der Spionage verraten.

Leuchtende Buchstaben –
Das Buchstabenmuseum

Es gibt sogar auch ein Museum für Buchstaben. Hier werden in der Hauptsache (aber nicht nur) alte Leuchtschriften gesammelt, die früher mal als Werbung an Wänden und Mauern hingen. Man begegnet Buchstaben und Schriftzügen unterschiedlichen Alters aus Plastik und Metall, die alle eine eigene Geschichte erzählen könnten.

Als die Bretter rollen lernten –
Das Skateboardmuseum

Für Skateboardfans ist das Skateboardmuseum sicher ein Muss. Hier findet sich einiges zur Geschichte des Skateboards: von den ersten Rollschuhen, über die ersten Skateboards, die sich noch stark an Surfbrettern orientierten, bis hin zu den heutigen Skateboards.

Wo ist mein Kuli? –
Das Kugelschreibermuseum

Schon mal überlegt, wohin die ganzen Kugelschreiber verschwinden, die ständig verloren
gehen? Ich hätte da ja einen Verdacht: Sie suchen Zuflucht im Kugelschreibermuseum. Dort
werden etwa eintausendfünfhundert Kugelschreiber ausgestellt, um auf die (teilweise)
Schönheit der Kugelschreiber aufmerksam zu
machen.

Mit doppelt Ketchup –
Das Currywurstmuseum

Wer hätte gedacht, dass man über eine Curry-
wurst so viel zusammentragen kann, dass es für
ein eigenes Museum reicht?
Im Currywurstmuseum kann man die Varianten
der Currywurst und die vielen verschiedenen
Soßen (hierzu gibt es eine Gewürzkammer mit
Riechstation) begutachten und auch einen
Streifzug durch die Geschichte der Pikser und
Pappteller machen.

Ist das echt? –
Das Fälschungsmuseum

In Frankreich gibt es ein Fälschungsmuseum. Hier werden Fälschungen ausgestellt, die eigentlich den Weg in Geschäfte finden sollten. Sogenannte Produktpiraterie. Zu sehen sind Produkte wie T-Shirts, Jeans oder auch Spielzeug mit Logos von bekannten und teuren Firmen, die aber nicht echt sind, sondern eben nur (täuschend echt) nachgemacht.

Abrakadabra –
Das Zaubereimuseum

Ebenfalls in Frankreich gibt es ein Zaubereimuseum, das dem berühmten Zauberer Robert Houdini gewidmet ist. In mehreren Räumen kann man hier einiges über die Geschichte der Zauberei erfahren. Es werden zauberhafte Gegenstände ausgestellt und natürlich darf auch ein Raum der Illusionen nicht fehlen. Und jede Stunde steckt ein Drache seine sechs Köpfe aus den Fenstern und schaut draußen mal nach dem Rechten.

Käpt'n Nemo wäre begeistert –
Das Unterwassermuseum

Vor der mexikanischen Küste gibt es ein Museum der besonderen Art: Es befindet sich nämlich unter Wasser.

Ausgestellt werden in diesem Unterwassermuseum Skulpturen, die teilweise sogar mehrere Meter hoch sind. Die ersten Kunstwerke stehen schon, aber das ist erst der Anfang. Vierhundert Skulpturen wird man bald auf dem Meeresgrund bewundern können.

Langsam nimmt das Meer Besitz von den bereits

aufgestellten Figuren. Sie sind mit Moos und Algen überwuchert, und Meeresbewohner lassen sich in ihnen häuslich nieder. Da das Meer hier nicht allzu tief ist, kann man sich auch mit Schnorchel und Flossen auf Museumstour begeben.

Wer hat's erfunden?

Der Dosenöffner

Nachdem man um 1810 angefangen hatte, Essen zu konservieren, indem man es zubereitete und in Dosen füllte, dauerte es tatsächlich noch einmal rund fünfzig Jahre, bis der dazugehörige Dosenöffner erfunden wurde.

Ganz schön lange.

Das heißt jetzt aber nicht, dass die Leute über fünfzig Jahre mit knurrendem Magen auf die Konservendosen starrten und sich wünschten, sie würden irgendwie an deren Inhalt kommen. Man hatte eben andere Methoden. Anfangs wurden Konservendosen nämlich hauptsächlich für das Militär genutzt. Und die Jungs waren gut ausgerüstet, sodass eine verschlossene Konservendose keine echte Herausforderung für sie darstellte.

Nachdem die Dose dann aber mehr und mehr in den privaten Bereich wanderte, machte man sich endlich auch mal Gedanken um ein Öffnungsgerät.

Als Vater des Dosenöffners stehen gleich zwei Herren parat: der Engländer Robert Yeates und der Amerikaner Ezra T. Warner. 1858 präsentierten sie die ersten Geräte. Aber die waren noch ganz schön schwer zu bedienen. Der Dosenöffner bestand hauptsächlich aus einer ziemlich scharfen und auch ziemlich unberechenbaren Sichel.

1870 wurde der Dosenöffner verbessert und näherte sich unserem heutigen Modell an. Ein Rad lief am Rand der Dose entlang und die Chancen, nach dem Öffnen den Inhalt der Dose unversehrt genießen zu können, waren deutlich gestiegen. Manchmal dauert es eben einfach ein bisschen länger, bis man merkt, dass man ein Problem hat, das man unbedingt lösen muss.

Ganz schön nass

Land unter

Ein ganzes Parlament geht auf Tauchstation, um eine Sitzung abzuhalten? Geschehen auf den Malediven. Getagt wurde auf dem Meeresgrund mit extra aufgestellten Tischen und Stühlen und zum Abschluss wurde mit einem wasserfesten Stift eine Erklärung unterschrieben. Klingt erst mal nach einer Menge Spaß, aber es gibt einen nicht so spaßigen Grund für diese außerge-wöhnliche Aktion. Wenn der Meeresspiegel auf-grund der Klimaerwärmung nämlich weiter steigt, drohen Teile der Malediven (sie bestehen aus über tausend Inseln) überflutet zu werden und im Meer zu versinken. Und auf dieses Prob-

lem wollte die Regierung mit der Unterwasser-
Kabinettssitzung aufmerksam machen.

Mit allen Wassern gewaschen

1992 rutschte im Pazifischen Ozean ein Container von einem Schiff. Seine Ladung: Plastikba-
detiere. Genauer gesagt: rote Plastikbiber, blaue
Plastikschildkröten, grüne Plastikfrösche und
gelbe Plastikenten.
Der Container öffnete sich und seitdem treiben
diese fröhlichen Badetierchen munter auf den
Weltmeeren herum und werden immer mal wieder gesichtet. Wissenschaftler nutzen sogar dieses Missgeschick für Forschungen. Sie halten
fest, wann die Tiere wo gesichtet werden, und
können so Aussagen über die Strömungen im
Meer machen.

Wo Hunde fröhlich plantschen

Was macht der Hund von Welt, wenn es in Rom
heiß ist und er ein wenig Abkühlung braucht?
Er springt nicht etwa in den nächsten Fluss oder

plantscht munter in einem Springbrunnen –
nein, er geht ins Freibad.
Es gibt in Rom nämlich ein Freibad nur für
Hunde. Grund für die Eröffnung des Hundefrei-
bads war, dass es an den meisten Stränden verboten ist, Hunde mitzubringen.

Bauanleitung für die eigene Insel

Eine eigene Insel! Wer hätte das nicht gern!
Aber wo kriegt man die her?
Ganz einfach: selber bauen! Das hat ein Engländer an der mexikanischen Küste gemacht. Er hat
jede Menge leere Plastikflaschen gesammelt, sie
gut zugeschraubt, damit kein Wasser hineinlau-
fen kann, in Netze gepackt und in Strandnähe
im Wasser verankert. Über die Flaschennetze
legte er Holzplatten und das Ganze wurde be-
pflanzt und wohnlich gemacht mit einem Sand-
strand und einem Wohnhaus. Als Fundament für
seine Insel dienten ihm über 100 000 leere Plastikflaschen.

Auf die Plätze, fertig – quietsch

Was ist passiert, wenn sich ein Fluss plötzlich quietschgelb färbt? Dann findet mal wieder ein Quietsche-enten-Rennen statt! Kleine gelbe Badeenten  schwimmen hier um die Wette – das heißt, eigentlich treiben sie eher auf dem Wasser. Jede Ente wird mit einer Nummer versehen und derjenige, dessen Ente als Erste ins Ziel schippert, hat gewonnen. Im Jahr 2009 haben 205 000 Quietscheentchen an einem Rennen auf der Themse (einem Fluss in England) teilgenommen. Das Ganze diente einem wohltätigen Zweck.

Rund ums Wort

Der Worterfinder

Schon mal etwas von einem Worterfinder gehört? Also jemand, der in einer Sprache Worte
erfindet, die es bislang noch nicht gab?

Im Vatikan in Rom ist das tatsächlich ein Beruf.
Latein ist nämlich eine alte Sprache, in der es bestimmte neue Begriffe, wie etwa „Smog", noch
nicht gibt. Deshalb müssen sie neu erfunden
werden. „Smog" beispielsweise wird nun mit
den lateinischen Worten für „Rauch und Nebel"
umschrieben.

Und warum macht man das? Im Vatikan, dem
Sitz des Papstes, ist die offizielle Amtssprache

Latein. Alle Gesetze müssen in Latein abgefasst werden, um Gültigkeit zu haben. Dafür müssen neue Wörter in die lateinische Sprache aufgenommen werden. Inzwischen umfasst dieses Wörterbuch fünfzehntausend neue Begriffe.

Können Kamele Bücher lesen?

Um es kurz zu machen: nein. Aber sie können Bücher tragen. Und in Kenia tun sie das. Sie bringen Bücher zu Nomadenvölkern und vor allem zu deren Kindern. Die würden sonst nicht so leicht in die Nähe eines Buchs kommen. Sie leben abseits von Fernsehern, Radios und Schulen und erwarten die Kamelbibliothek schon sehnsüchtig. Die Kamelbibliothek wird von Bibliothekaren begleitet, die den Kindern Bücher empfehlen und ihnen – falls nötig – auch daraus vorlesen.

Llanfairpwllgwyngyllgogerychwyrn-drobwllllantysiliogogogoch

Schon mal etwas von *Llanfairpwllgwyngyllgogerychwyrndrobwllllantysiliogogogoch* gehört?

Es handelt sich um den Namen einer kleinen Ortschaft im Nordwesten von Wales (Großbritannien). Ursprünglich hieß der Ort *Llanfair Pwllgwyngyll*, was für unsere Zungen nicht wirklich leichter auszusprechen, aber doch ein wenig übersichtlicher ist.

Und wie kam der Ort zu diesem Namen?

Das war die Idee von einem Schuster. Er meinte, dass dieser Ortsname so manchen Touristen dazu bringen würde, sich das Städtchen mal anzuschauen. Und es hat geklappt.

Ach ja, übersetzt heißt der Name übrigens „Marienkirche in einer Mulde weißer Haseln in der Nähe eines schnellen Wirbels und der Thysiliokirche vor einer roten Höhle".

Llanfairpwllgwyngyllgogerychwyrndrobwllllantysiliogogogoch, die Stadt mit dem längsten Ortsnamen in Europa, schloss mit *Ee*, einer niederländischen Stadt mit dem kürzesten Ortsnamen, eine Städtepartnerschaft.

Von Schluckbildchen und Esszetteln

Bis ins zwanzigste Jahrhundert hinein waren Schluckbildchen ein Bestandteil so mancher Hausapotheke. Unter Schluckbildchen versteht man kleine briefmarkengroße Zettelchen, die mit geistlichen Motiven bemalt waren und Heilkräfte haben sollten. In Fällen von Krankheit schluckte man diese Zettelchen (man konnte sie auch vorher in Wasser einweichen) und die Heilkräfte wirkten von innen. Es gab auch Zettelchen, die nur mit Text versehen waren, die wurden dann „Esszettel" genannt.

Übrigens tat man auch Tieren solche Zettelchen ins Futter, wenn sie krank waren oder wenn man dachte, dass sie von bösen Geistern besessen seien.

Ganz schön lecker

Eiskaltes Vergnügen

Eis kannten auch schon die alten Chinesen. Allerdings in etwas vereinfachter Form. Sie nahmen Schnee und vermischten ihn mit Früchten, Gewürzen oder auch Honig. Diese Zubereitung bewährte und verbreitete sich im Laufe der Zeit über die Landesgrenzen hinaus.

Bei der Herstellung des heutigen Eises ist neben der Kühlung noch etwas anderes ganz wichtig: Das Eis muss ständig gerührt werden. Mischt man einfach nur Sahne mit Früchten und Zucker und lässt das Ganze gefrieren, bilden sich Eiskristalle in der Masse und das Eis wird nicht schön cremig. Durch ständiges Rühren wird das Entstehen der Eiskristalle verhindert.

Einmal Schokoriegel heiß und fettig

Aus Schottland kommt eine etwas merkwürdig zubereitete Süßigkeit: der frittierte Schokoriegel. Das ist ein Schokoriegel, der in einen Backteig getunkt und anschließend in heißem Frittierfett gebraten wird. Damit er während des Frittierens nicht schmilzt, wird er tiefgekühlt zubereitet. Verkauft wird er in Imbissbuden. Und da sollte man dann besser aufpassen, dass man ihn nicht aus Versehen „mit Mayo und Ketchup" bestellt.

Ein Denkmal für eine Frucht

Was kann man von einer Frucht erwarten, die den Beinamen „Stinkfrucht" oder auch „Käsefrucht" hat? Ganz sicher einen ziemlich unangenehmen Geruch. Das verbannt die Durian – so heißt diese Frucht – aus etlichen Hotels, U-Bahnen, öffentlichen Gebäuden und auch Flugzeugen.

Will man den Durian-Fans glauben, bietet sie darüber hinaus aber auch ein echtes Geschmackserlebnis, ähnlich einem Vanillepudding mit einem Hauch Mandeln. Die Früchte sind etwa dreißig Zentimeter groß, haben eine ei- oder auch ballförmige Form und jede Menge Stacheln – und jenen äußerst unangenehmen Geruch, der an sehr alten Käse oder auch faule Eier erinnert.

Letzteres hat eine Stadt auf den Philippinen, aus der die Frucht kommt, nicht davon abgehalten, der Durian ein Denkmal zu setzen. Zum Glück riechen Denkmäler ja nicht!

Warum die Blutorange so rot ist

Warum Blutorangen so heißen, kann man sich vorstellen. Aber wie kommen sie zu der roten Farbe?

Blutorangen sind eigentlich ganz normale Orangen. Die rote Farbe entsteht, wenn die Frucht sehr großen Temperaturunterschieden ausgesetzt ist. Wenn es also ziemlich warm am Tag und ordentlich kühl in der Nacht ist. Je stärker der Temperaturunterschied, desto intensiver wird die rote Färbung.

Wenn Gummibärchen baden gehen

Warum sollten Gummibärchen baden gehen? Aber mal angenommen, sie würden es wirklich tun: Wie viele Gummibärchen passen dann wohl in eine Badewanne?

Es sind 76 600 Gummibärchen.

Wie kommt man auf diese Zahl?

Man nimmt einen Messbecher und zählt ab, wie viele Gummibärchen man braucht, um den Messbecher bis zur Ein-Liter-Marke zu füllen: Das sind 383 Gummibärchen.

Als Nächstes muss man herausfinden, wie viel Wasser in eine Badewanne passt: Üblicherweise sind das 200 Liter.

Und wenn wir jetzt die 383 Gummibärchen (die

in einen Liter passen) mal 200 (so viele Liter passen in eine Badewanne) nehmen, dann bekommen wir die Anzahl Gummibärchen, die in eine
Badewanne passen. Nämlich 76 600.
Sollten also mal Gummibärchen bei euch baden
wollen, achtet darauf, dass es auf keinen Fall
mehr als 76 600 sind, sonst gibt es Ärger um die
Plätze in der Badewanne.

Kreuz und quer

Berühmte Zwerge

Schneewittchen ist eines der bekanntesten Märchen der Gebrüder Grimm. Aber wie heißen eigentlich die sieben Zwerge?

Anscheinend haben die Gebrüder Grimm sich diese Frage nicht gestellt, denn die Zwerge in ihrer Geschichte haben keine Namen. Nur Nummern: der Erste, der Zweite usw.

Dann hat sich Walt Disney des Märchens angenommen und einen Zeichentrickfilm daraus gemacht. Und schon hatten unsere Zwerge plötzlich Namen. Sie heißen in dem Film: Chef, Pimpel, Happy, Brummbär, Schlafmütze, Seppel (bzw. Jäger) und Hatschi.

Was hat er gesagt? - Akustik Teil eins

Eigentlich würde man ja erwarten, dass ein großer Saal eine ganz besonders gute Akustik hat, dass sich der Schall also perfekt ausbreiten und man überall gut hören kann.

Im Schloss Austerlitz in Tschechien ist es aber genau andersherum. Hier war wichtig, dass sich der Schall möglichst *nicht* ausbreitet. Grund dafür waren geheime Verhandlungen, die in diesem Saal durchgeführt wurden. Da wollte man natürlich nicht, dass jeder hören konnte, was die einzelnen Parteien gerade besprachen.

Das hat er gesagt! - Akustik Teil zwei

Ein Raum mit einem Flüstergewölbe hingegen ist kein guter Ort für geheime Unterhaltungen. Wenn man sich hier mit jemandem auf die eine Seite des Raums verzieht, um ihm etwas über einen Dritten auf der anderen Seite des Raums zuzuflüstern, kann es gut passieren, dass derjenige es sehr genau hört. Grund dafür ist eine bestimmte Wölbung des Raums, die den Schall weiterträgt.

Also beim nächsten Klassenausflug lieber aufpassen und am besten nur Nettes über andere
sagen!

Vom Fisch zum Auto

Wenn der Mensch etwas erfindet, bedient er sich
oft eines Vorbilds aus der Natur. So ein Vorbild
ist der Kofferfisch. Allerdings nicht unbedingt
für einen Koffer, wie man bei dem Namen ver-
muten würde, sondern für ein Auto.
Ein deutscher Autohersteller hat sich die Form
des Kofferfischs als Vorbild für ein neues Modell
genommen.
Ausschlaggebend war dabei, dass der Kofferfisch trotz seiner Kompaktheit sehr gute Strö-
mungseigenschaften hat. Damit ist gemeint,
dass das Wasser gut um ihn herumfließt, sodass
der Fisch nicht so viel Kraft aufwenden muss, um
sich vorwärtszubewegen.
Und das haben die Autobauer auf ihr Auto übertragen. Nach dem Vorbild des Kofferfischs
haben sie dem Auto eine Form gegeben, die den
Wind gut um das Auto herumwehen lässt und

dafür sorgt, dass das Auto nicht so viel Kraft braucht, um sich fortzubewegen.

Vielleicht sollten wir den Fisch von jetzt an Autofisch nennen?

Wie kommt man bloß auf so was?!

Ein Brite hat einen neuen Rekord im Unterhosenübereinanderziehen aufgestellt. Er schaffte ganze zweihundertelf Unterhosen. In fünfundzwanzig Minuten. Wie lange er fürs Wiederausziehen gebraucht hat, ist nicht bekannt.

Dazu passt auch der nächste Rekord. Es geht um Socken. Wie viele davon kann man übereinanderziehen? Da liegt der Rekord bei einundsiebzig gleichzeitig an einem Fuß getragenen Socken. Was für eine Schuhgröße man dann wohl braucht?

Pferd oder Auto?

Wer hat Vorfahrt: ein Auto oder ein Rennpferd? Komische Frage? In England wurde sie beantwortet. Dort gibt es nämlich eine Pferderenn-

bahn, die in einem Wohngebiet liegt und eine öffentliche Straße kreuzt. Da eine einfache Vorfahrtsregelung hier nicht so sinnvoll sein dürfte, sperrt man einfach immer die Straße ab, wenn auf der Rennbahn Rennen stattfinden.
Also: Das Rennpferd hat Vorfahrt!

Wofür man eine Fußgängerampel noch brauchen kann

Fußgängerampeln braucht man nur, um sicher über eine Straße zu gehen. Stimmt doch, oder?
Falsch. In Prag braucht man eine Fußgängerampel auch, um sicher durch eine Gasse zu kommen. Der Grund dafür liegt darin, dass diese Gasse dermaßen eng ist, dass zwei Leute beim besten Willen nicht aneinander vorbeikommen. Also hat man an die beiden Eingänge der Gasse eine Ampel gehängt, sodass sie, je nach Grünphase, immer nur von einer Seite betreten werden darf.

Maßanfertigung für einen Pinguin

Was macht man mit einem Pinguin, der all seine Federn verloren hat und nun der Sonne schutzlos ausgeliefert ist?

Eine gute Sonnencreme wird da wenig helfen. Also haben sich seine Tierpfleger etwas anderes ausgedacht. Sie haben das Bein von einem Taucheranzug genommen und daraus einen schicken Anzug für den kleinen Pinguin gebastelt. Und der läuft jetzt besonders stolz in seinem neuen Frack herum.

Kamelrennen mit Robotern

In arabischen Ländern sind Kamelrennen seit vielen Jahrhunderten beliebt.

Aber etwas hat sich im Laufe der Zeit geändert. Die Kamele sind es nicht, die sehen seit über hundert Jahren mehr oder weniger gleich aus. Es sind die Reiter. Wurden die Kamele früher von Kindern geritten, sitzen heute speziell dafür entwickelte Roboterjockeys im Sattel. Internationale Proteste hatten dazu geführt, dass Kinderjockeys verboten wurden.

Leibwächter-Katzen
für Schnüffelratten

In Kolumbien gibt es
ein neues Betätigungs-
feld für Ratten:
Sie werden zu
Sprengstoffex-
perten ausge-
bildet und sollen
im Boden ver-
steckte Minen

aufspüren. Das machen sonst Hunde, aber da
die Ratten einen sehr guten Geruchssinn haben
und darüber hinaus wesentlich wendiger und
leichter sind, haben sie hier die Nase vorn.
Was aber, wenn sie von Katzen oder anderen
Tieren angegriffen werden? Kein Problem.
Ihnen steht nämlich eine Leibwächter-Katze zur
Seite, die ihnen die Angreifer vom Rattenpelz
hält. Katze und Ratte werden während der Aus-
bildung aneinander gewöhnt und treten nun im
Agenten-Doppelpack auf. Die Ratte schnüffelt,
die Katze sichert. Perfekt!

Müller, Sabine:
Wie viele Gummibärchen passen in eine Badewanne?
Wissen, das Spaß macht
ISBN 978 3 522 18256 0

Gesamtausstattung: Uta Bettzieche
Einbandtypografie: Michael Kimmerle
Schrift: Candida und Minya Nouvelle
Satz: KCS GmbH in Buchholz/Hamburg
Reproduktion: Medienfabrik, Stuttgart
Druck und Bindung: Livonia Print, Riga
© 2011 by Thienemann Verlag
(Thienemann Verlag GmbH), Stuttgart/Wien
Printed in Latvia. Alle Rechte vorbehalten.
5 4 3 2 1°   11 12 13 14

Codewort Risiko

Voller Abenteuer, voller Rätsel, voller Wissen

Lahusen/Schröder
Bob und die Rache des Pharao
ISBN 978-3-522-18135-8

Bobs aufregende Reise um
die Welt!

Lahusen/Schröder
*Bob und die Jagd auf den
weißen Löwen*
ISBN 978-3-522-18173-0

Abenteuerliche Safari in
Südafrika.

Lahusen/Schröder
*Bob und das Geheimnis der
Goldgräber*
ISBN 978-3-522-18210-2

Die Geisterstadt in der
Wüste.

Lahusen/Schröder
Doppeltes Risiko für Bob*
ISBN 978-3-522-18276-8

Bob stößt auf wilde
Tiere und verborgene
Goldschätze.

Michael Borlik
Die Nacht der Vampire
ISBN 978-3-522-18136-5

Vampirjagd um Mitternacht.

Michael Borlik
Das Erwachen des Feuerbergs
ISBN 978-3-522-18193-8

Flucht vor dem Vulkan!

David Fermer
Mit Vollgas durch die Wüste
ISBN 978-3-522-18158-7

Autorennen nach Dakar
wird zur gefährlichen
Wüstenrallye.

Astrid Frank
Allein unter Wölfen
ISBN 978-3-522-18200-3

Im Tal der Wölfe.

96 S. mit Illus. · Gebunden
* 192 S. mit Illus. · Gebunden

www.thienemann.de

Codewort Risiko

Viel Wissenswertes zu spannenden Themen

Frank M. Reifenberg
Achtung, Feueralarm!
ISBN 978-3-522-18203-4

Feuer an Bord!

Fabian Schiller
Die goldene Stadt im Dschungel
ISBN 978-3-522-18230-0

Versunkene Stadt der Maya.

Fabian Schiller
Im Bann der weißen Schlange
ISBN 978-3-522-18172-3

Gefangen im Schlangenhaus.

Fabian Schiller
Im Netz der schwarzen Spinne
ISBN 978-3-522-18261-4

Erlebnisse auf der Spinnenfarm.

Lahusen/Schröder
Die Wikinger greifen an!
ISBN 978-3-522-18275-1

Überfall auf die Bärenbucht.

Frank M. Reifenberg
Kampf im ewigen Eis
ISBN 978-3-522-18150 1

Spannendes Abenteuer mit dem Inuit-Jungen Nanuk.

Frank M. Reifenberg
Wettlauf im ewigen Eis
ISBN 978-3-522-18151 8

Gefährliches Hundeschlittenrennen in der Antarktis.

Frank M. Reifenberg
Verschollen im ewigen Eis
ISBN 978-3-522-18202 7

Gefahr in der Arktis.

Lahusen / Jens Schröder
Kampf um Burg Felseneck
ISBN 978-3-522-18242-3

Den Bewohnern von Burg Felseneck steht ein Krieg bevor.

Frank M. Reifenberg
Florus und das mörderische Wagenrennen
ISBN 978-3-522-18241-6

Wer gewinnt das große Rennen von Rom?

Codewort Risiko
Das Rätselbuch für Abenteurer *
ISBN 978-3-522-18222-5

Der Superrätselband für Abenteurer.

www.thienemann.de

96 S. mit Illus. · Gebunden
* 160 S. mit Illus. · Gebunden